D1734449

Heinz Grill

Die Synthese von Geist und Welt

Wie Spiritualität und Praxis im Alltag zusammenfinden

Herleitung des Titelbildes

Kreislinie und Mittelpunkt haben keine direkte Verbindung zueinander.

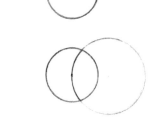

Durch den hinzukommenden größeren Kreis erhalten Linie und Mittelpunkt des kleinen ersten Kreises eine Verbindung.

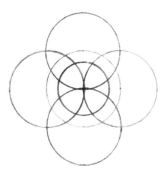

Der größere Kreis kommt vierfach hinzu und verbindet den Mittelpunkt mehrfach nach außen. Ein den äußeren Kreisen gleichgroßer Kreis in der Mitte verbindet die Mittelpunkte der äußeren Kreise. Ursprung sind der kleine Kreis in der Mitte und der Mittelpunkt.

Esoterisch beschreibt Heinz Grill die Zeichnung:

„Die größeren Kreise für die Dimension des Gedankens in neuer Verfügung."

Das Bild wurde von Heinz Grill als Fensteröffnung einer Lichtschachtgestaltung in der Architektur des Begegnungshauses am Gardasee entworfen und umgesetzt.

Heinz Grill

Die Synthese
von Geist und Welt

Wie Spiritualität und Praxis
im Alltag zusammenfinden

Bibliografische Information der Deutschen Bibliothek
Die Deutsche Bibliothek verzeichnet diese Publikation in der deutschen Nationalbibliografie;
detaillierte bibliografische Daten sind im Internet über http://dnb.ddb.de abrufbar.

1. Auflage 2008
Copyright bei
Lammers-Koll-Verlag
Leopoldstraße 1
75223 Niefern-Öschelbronn
Tel. 07233 - 97 46 82
Web-Shop: www.lammers-koll-verlag.de

ISBN 978-3-935925-48-8
Titelzeichnung: Axel Berberich
Foto S. 80 Herzog August Bibliothek Wolfenbüttel
Foto S. 122 Martin Sinzinger

Druck: DruckhausDiesbach, Weinheim

Inhalt

der Yoga-Übungspraxis. Die Mühe des richtigen Konstruierens eines Bildes lässt eine Situation erst in die Empfindungsgegenwart der Seele kommen. Geistige Wahrheiten haben geringen Wert, wenn sie nicht aus dem wirklichen profunden Zusammenhang des wahren Erlebens und nahen Fühlens kommen. Das Ich möchte sich an Formen messen und daran wachsen, wodurch der Mensch sich gesund und selbstbewusst erleben kann. Durch die fehlende ganze Zustimmung hält der Mensch meist unbewusst das Wesen eines *karma*, eines Schicksals fest und begibt sich ohne Wissen darüber in eine Gefahr.

Das Wesen und die Tragweite einer guten Fachkunde
Vortrag vom 30. Dezember 2007

Das Entgegenkommen der geistigen Welt durch die Entwicklung der richtigen Ordnung der Seelenkräfte und durch die Ausprägung der Wahrnehmungsorgane für die Empfindungen der geistigen Welt. Besteht eine Unordnung im Bewusstsein, fehlt die richtige Positionierung und der klare Gedankenaufbau. Die Ordnung des Willenselementes innerhalb der anderen Leib-Seele-Kräfte. Die Notwendigkeit für ein integratives Bewusstsein in der Welt ist die geeignete Fachkunde. Fachkunde stützt sich u.a. auf zwei äußere Elemente: die menschliche Pädagogik oder Reife und das Wissen um die Materie. Die Wirkung der Fachkunde auf das äußere Leben, auf die nachtodliche Welt und auf die schöpferische, geistige Welt. Ausprägung eines Gefühls der Wirkung einer Fachkunde durch Beobachtung und Klarheit anhand eines praktischen Beispiels. Das Opfer im Sinne des Zurücklassens von *karma*. Beispiele verschiedener Gedankenformen und sog. Formwesen. Über das Erzeugen bestimmter Wesenheiten, deren Folgewirkung und der Verantwortung daraus für den Menschen. Was wahres Dienen oder *karma-Yoga* bedeutet.

Die Folge des Missionierens und die Bedeutung
von Yoga-Übungen auf die irdische, seelische und geistige Welt
Vortrag vom 31. Dezember 2007

Das Missionieren im frühen Christentum war im Inneren der Seele gegründet. Durch das Konstruieren eines Bildes in Bezug auf eine missionierende Tätigkeit, kann der Übende sich in verschiedene Dimensionen der geschaffenen Wesenheiten hineinleben. Dieses Konstruieren wirkt günstig auf den Ätherleib und kann den physischen Leib prägen. Auf die irdische Situation bezogen zeigt sich durch das Missionieren eine antipathische Stimmung. Aus dem Seelenreich erklingt eine sträfliche Stimme bei der Handlung des Missionierens. Die geistige Welt reagiert gleichmütig darauf; jedoch verhindern Missionen eine geistige Entwicklung. Aufzeigen der Wirkungen auf die drei Welten am Beispiel von *vṛścikāsana*, Skorpion. Ein sympathisches, anziehendes Bild ist auf der irdischen Ebene durch die Ausführung der anspruchsvollen Übung ersichtlich. Bereits bei geringfügiger Mühe treten die verstorbenen Seelen in eine Beziehungsaktivität der Übungsdisziplin ein. Die geistige Welt setzt als Antwort unmittelbar eine Ordnungstätigkeit wieder zur irdischen Welt frei. Eine wesentliche Aufgabe besteht für die Zukunft darin, dass sich der Geistschüler die Frage stellt, wie die Wirkungen seiner Handlungen auf die drei Welten sein werden.

Die äußere Zukunft liegt zunächst in den Händen der wirtschaftlichen und politischen Weltenbewegung. Sie darf aber auch in den Möglichkeiten des eigenen Selbstes gedacht werden. Die Bedeutung und Folgewirkung des Eintretens in ein Selbst. Die Konsequenzen einer wirklichen Entscheidungskraft auf die irdische Welt, auf die Seelenwelt und auf die geistige Welt. Die innere und äußere Ordnung und die Pflichterfüllung im alten indischen Kastensystem im Vergleich zu unserem Gesellschaftssystem. Die Notwendigkeit eines Denkens, dass der Geistschulungsweg immer durch den Menschen geboren worden ist. Als umfassende, mehr meditative Konsequenz ist es für eine Synthese von Geist und Welt notwendig, dass der Mensch sich in Verbindung fühlt mit geistigen Quellen. Der Geistschüler hat die Pflicht immer dort zum Aufbau beizutragen, wo er gerade ist. Ein ganzes Ja-Wort stellt etwas Bedeutungsvolles für den Kosmos dar und wird eine irdische Konsequenz nach sich ziehen.

Betrachtung über das Licht und die Verbindung mit der Erde. Eine abgeschwächte kosmische Lichtkraft bringt eine starke gesundheitliche Beeinträchtigung mit sich, die nur durch eine außerordentliche Seelsorge im Sinne des Geistschulungweges vermindert werden kann. Nicht durch Ruhe heilt sich der Mensch, sondern durch ein Ergreifen weisheitsvoller Prinzipien. Zusammenhang zwischen Ich-Ergreifen und dem Wesen des Neptun. Zersetzende Neptunkraft wird unwirksam durch Auflösung von Sukzession und Mystik. Ein geordnetes Eintreten der kosmischen Kräfte findet über das Haupt des Menschen statt.

Ziel dieser hier ausgesprochenen Gedanken ist es, dass der Mensch als Erdenbürger und geistiger Bürger sogleich in Verantwortlichkeit, Klarheit und Selbständigkeit sein Leben in die Hände nimmt. Der Bezug der Synthese von Geist und Welt zum Thema der Sinnesfreude und der Leidenschaftlichkeit. Neue Materie – alte Materie, und die verwandelnden Möglichkeiten der menschlichen Natur und der Kraft der Seele. Der Begriff der Transsubstantiation. Das Ideal der Synthese erfordert vom Menschen ein In-Kontakt-Treten mit der Welt. Die Sinnesfreude stellt noch keine wirklich geistige Dimension der Verwirklichung dar, sondern eine besondere seelische Art der Lebensqualität. Sinnesfreudiges Begegnen auf allen Stufen des Lebens. Das Ätherisieren der Umgebung durch den Sinnesstrom. Wie ein Gedanke zu der Materie hinzukommt. Ein Beispiel wie der Mensch eine gedankliche Führung in ein Gespräch hineinbringt. In der Weise wie der Mensch sich zur Ernährung hinwendet, findet der Prozess im Inneren seine Fortsetzung. Das Entdecken der Sinnesfreude auf dem Gebiet des Miteinander-Umgehens, der Beziehungs-Auseinandersetzung. Die wachsende Aufnahme der Sinne beim Bergsteigen im Unterschied zur Leidenschaftlichkeit. In der Musik kann von bestimmten Erlebensformen ausgegangen werden, die so manche Leidenschaftlichkeit übertönen und in ein aufmerksames, bewusstes Sinneserleben überführen können. Was die Sinnesfreude im Sinne des seelischen Daseins und im Sinne des geistigen Daseins bewirkt. Die Sinnesfreude ist für die Seelenwelten wie ein ruhiges Verharren. In Bezug auf die geistige Welt, die schöpferische Wirklichkeit ist die Sinnesfreude als etwas Neutrales im Leben zu betrachten. Sie ist noch kein Gewinn für die geistigen Welten. Die in dieser Schule aufgestellte Sinnesfreude und die Lichtgestalt des Kosmos.

Vortrag vom 3. Januar 2008
Das sorgfältig entwickelte Zielkonzept als Hilfe auf dem Weg zur Synthese zwischen Geist und Welt. Das bisher Noch-nicht-Entwickelte kann sich damit vom Gedanken über das Gefühl bis in den Willen des Menschen ausdrücken. Die Ideale sind im Zusammenhang zur geistigen, seelischen und physischen Welt zu denken. Der Schüler muss auf dem Geistschulungsweg lernen, sich selbst zu korrigieren und sich selbst zu erretten. Das Zielkonzept als ernsthafter Versuch weitere Verantwortung einzugehen. In der Unterscheidung von Exoterik und Esoterik lernt der Mensch, sich innerhalb der Menschheit in einer Vermittlungstätigkeit zu bewegen. Exoterik ist das, was der Mensch mit der normalen sinnlichen und logischen Auffassung verstehen kann. In der esoterischen Welt findet gewissermaßen ein Gegenbild hierzu statt. Erläuterung dieses Gegensatzes anhand des von R. Steiner erfassten Zusammenhangs einer Sekund. Das Esoterische muss solange bearbeitet werden, bis es in die rechte exoterische Form übergeführt ist. Es soll Lebensgewohnheit werden, dass der Mensch nicht über etwas spricht, das er selbst nicht erfahren hat. Eine diesbezügliche Erläuterung am Beispiel der Erkältungskrankheit. Der Standpunkt der Mitte ist frei von materiellen Einseitigkeiten und einem Esoterikertum. Das Leben wird so steuerbarer.

Liebe Leser,

die Vorträge in dem vorliegenden Buch sind während der sogenannten Rauhtage, also in der Zeit zwischen Weihnachten und Heilige Drei Könige entstanden. Diese Zeit wird aus geisteswissenschaftlicher Sicht als eine besonders günstige Zeit für den Menschen angesehen, um sich Gedanken zu machen über das bevorstehende Jahr und anzustrebende, konkrete Ziele zu formulieren.

In den vergangenen Jahren sind aus diesen Vorträgen schon einige Broschüren entstanden. Ein bisheriger Höhepunkt wurde aus meiner Sicht mit den vorliegenden Weihnachtsvorträgen erreicht, der sich in der Titelformulierung „Die Synthese von Geist und Welt" ausdrückt. In vielen, sehr konkreten und praktischen Beispielen, erhielten die zahlreichen Zuhörer, die bei den Vorträgen anwesend waren, die Möglichkeit, sich Fragen zu stellen, beziehungsweise eine Vorstellung davon zu bilden, wie Spiritualität im Alltag umsetzbar ist und welche Voraussetzungen dafür gegeben sein sollten.

Um den systematischen Aufbau der Vorträge und den lebendigen Rhythmus, der während dieser Tage entstanden ist, besser wiedergeben zu können, haben wir uns diesmal für die Buchform entschieden, die die Inhalte kompakter und strukturierter darstellen lässt. Den besonderen Charakter dieser Weihnachtsvorträge haben wir versucht durch eine neue Satzgestaltung hervorzuheben. Um den lebendigen Vortragsstil weitgehendst zu bewahren, wurden die aufgezeichneten Vorträge nur geringfügig überarbeitet.

Ein wesentlicher Aspekt der Tagung zeigte sich darin, esoterisches Gedankengut, also Gedanken aus einer unmittelbaren geistigen Schau, die durch Heinz Grill gegeben wurden, durch eine exoterische, fachlich-fundierte Vermittlungstätigkeit zu ergänzen, die dazu beitrug, dass die sogenannten Imaginationen, die ein Bild der geistigen Welt beschreiben, für unsere Sinne greifbarer und vorstellbarer werden. In diesem lebendigen Miteinander von Esoterik und Exoterik sehen wir eine Grundbasis für die Realisation einer Synthese von Geist und Welt im Menschen. Einzelne Beispiele einer exoterischen Arbeit werden wir in der kommenden Zeit in unserem Verlag entweder in gedruckter Form oder im Internet veröffentlichen.

Ich wünsche Ihnen mit den vorliegenden Texten ein angenehmes Studium.

Ihr Hans-Peter Fritsche

Die frühere Dämonenaustreibung und die heutige Pflege der Seele

Vortrag vom 28. 12. 2007

Nachdem der gestrige Abend euch hoffentlich nicht in Unruhe, sondern in eine harmonische Bewegung mit zukünftigen Visionen, in eine nach außen gleitende und weitende Gedankenperspektive versetzt hat, ist es heute wohl sinnvoll, in jenes Detail einzudringen, das eventuell für die praktische Erarbeitung einer Zielvorstellung nach dem spirituellen Weg sehr wesentlich ist.

Das Ich-Selbst ist niemals eine fertige, endgültige Entität, die in sich selbst abgeschlossen wäre. Dieses Ich-Selbst des Menschen bewegt sich in die allerweitesten Bezüge der Welthierarchien und bleibt aber doch in sich selbst ein Geheimnis. Es ist dieses Ich-Selbst eigentlich das Untätigste und doch ist es das Tätigste. Es ist dasjenige Glied, das eigentlich alles ist, das aber letzten Endes doch immer unwägbar, imponderabel bleibt. Es bleibt in einer Ebene, in der es nicht wirklich Materie, ja nicht einmal Seelenstoff werden kann, sondern es bleibt tatsächlich Geist, es bleibt jener anderen transzendenten Dimension zugehörig. Deshalb beschreibt Sri Aurobindo das Ich-Selbst als jene Seinsinstanz, die jenseits steht und die niemals in der Welt eine Verwicklung eingeht, dennoch gibt sie die Zustimmung und die Bewegung zur Materie und bildet die Ursache für alle Weltlichkeit.

Dieses Ich-Selbst, das die verschiedensten Bezüge aufbaut, enthält die eigentliche und wesentliche Natur des Menschen. Die Gesetze, die dieses Ich-Selbst umfassen, bilden die profunde Weisheit der Weltenschöpfung, das *jñāna*, die von Licht transparent gewordene Wirklichkeit. Dieses Ich-Selbst offenbart sich durch ein eigenes und geeignetes Studium. Hierzu darf einmal eine kleine Beschreibung erfolgen, die die gesamte weitere Thematik einleiten kann und dann die weiteren Gedanken in eine nächste Detaillierung, in eine nächste feinere Abstimmung führt.

Es kann einmal von den verschiedenen Erfahrungsbeispielen erzählt werden. Es ist etwa zwei Monate her, als die medizinische Tagung am Goetheanum war. Diese medizinische Tagung ist eine sehr wesentliche Veranstaltung, die alle anthroposophischen Ärzte aus aller Welt versammelt. Es waren dort Ärzte aus 45 verschiedenen Ländern anwesend und diskutierten über die verschiedensten zeitgemäßen Themen, über fachspezifische Themen, aber auch ganz besonders über die aktuellen Situationen, beispielsweise über die Heilmittelherstellung und über die Erhaltung der Heilmittel.

Der anthroposophischen Bewegung wird es von keiner Seite leicht gemacht, denn sie muss sich mit aller Kraft dem Zeitgeist entgegenstellen, damit sie überhaupt ihren rechten Stand halten kann. Alle Bemühungen des Zeitgeistes gehen dorthin, jene Heilmittel, die Rudolf Steiner damals gegeben hat und die dann im Laufe der Zeit durch verschiedene empirische Erfahrungsstufen gegangen sind, möglichst zu verbieten. Es entsteht aufgrund dieser Diskussionen die Kernfrage nach der prinzipiellen Stellung der Anthroposophie und der Medizin. Die Bezeichnung, die Rudolf Steiner den medizinischen Kursen gegeben hat, ist eine sehr allgemeine und doch sehr geistvolle: Die anthroposophische Medizin soll eine Erweiterung der Heilkunst darstellen.

Nun kam am Goetheanum gerade von einem älteren Arzt, der sich etwas revolutionärer bewegte, ein kleiner Beitrag. Er sagte mit einigen wenigen prägnanten Sätzen, dass er nicht verstehe, warum in dieser Tagung so viel über den Stand der Welt diskutiert werde, wenn doch Rudolf Steiner mit der Erweiterung der Heilkunst eine wirklich neue Medizin verstanden hat, eine Medizin, die man in allen Details neu fassen, neu durchdenken und neu etablieren müsste. Er verstand unter dem Begriff „Die Erweiterung der Heilkunst", dass diese eine wirkliche Neugründung aller medizinischen, bisherigen Maßstäbe darstellen soll. Dieser Beitrag wurde mit zwei bis drei wenigen Sätzen ruhig zurückgewiesen, so dass dieser Beitrag damit nur einmal als ein Posaunenklang durch den Saal raunte, aber auf keine Erwiderung stoßen konnte. Verständlich ist es, dass dieser Beitrag während der Tagung keinen fruchtbaren Boden finden konnte, denn er war tatsächlich revolutionär angesetzt und war gewissermaßen provokativ. Genau genommen war er nicht präzise bzw. nicht authentisch genug zu der Aussage von Rudolf Steiner ausgerichtet.

Es eröffnet der Begriff „Die Erweiterung der Heilkunst", der von Rudolf Steiner geprägt worden ist, ein sehr vielseitiges und uneingeschränktes Betrachtungstableau. Er kann durchaus eine Neubegründung beinhalten und kann auf der anderen Seite nur einmal, wie man dies mit dem Begriff Komplementärmedizin heute benennt, gewisse Zusätzlichkeiten bezeichnen. Man kann also sagen: Die anthroposophische Medizin ist entweder ein Nebenzweig oder sie ist ein ganz neuer Zweig der Medizin. Sie könnte gewissermaßen die Medizin in Frage stellen oder sie respektiert die bisherige Medizin und gibt nur einen kleinen Zusatztitel. Es lässt sich anhand der Begriffe eine allgemeine und auch eine revolutionäre Auffassung für die Medizin interpretieren.

Wohl ist es ein Anliegen von Rudolf Steiner gewesen, dass er nicht etwas Revolutionäres mit absolutistischem Charakter gründet, sondern dass er einen Titel gibt, der vieles beinhalten kann und der für jeden Einzelnen eine pluralistische Öffnung in der Heilkunde ermöglichen kann. Die Erweiterung der Heilkunst heißt eigentlich, wenn man Rudolf Steiner's Worte einmal original verfolgt, dass die Heilkunde langsam durch neue Medikamente, neue Beobachtungsmaßstäbe, also auch hellsichtige oder zumindestens von geistigen Begriffen abgeleitete Beobachtungsmaßstäbe gekennzeichnet wird und dass schließlich die ganze Methodik im Inneren entsprechend einer geistigen Grundbegrifflichkeit erweitert aufgebaut wird. Die Therapie, Diagnosestellung und Vorsorge für den Patienten soll deshalb zunehmend auch die Elemente eines Geistigen aufnehmen. Dabei sei die alte oder die bisherige Medizin nicht grundsätzlich in Frage gestellt, sondern tatsächlich erweitert, aber eben so erweitert, dass man die Möglichkeit offen lässt, wie weit der Einzelne zu gehen vermag, wie weit er sich auf das neue Gebiet der Therapieanwendung vorwagt, wie weit er seine Fachkenntnisse auf neuer Ebene auszudrücken vermag oder wie er sich eben noch mehr in den Verhältnissen der Allopathie und Konvention aufhält.

„Die Erweiterung der Heilkunst" ist deshalb eigentlich eine Begrifflichkeit, die in einem sehr dynamischen Sinne verstanden werden muss, in einem nicht monistischen oder dogmatischen Sinn, sondern in einer fachlich flexiblen und offenen Praxisanwendung und in einem menschlich vernünftigen, lebendigen Ausmaß ihren Einsatz findet. Nun stellt diese Erweiterung der Heilkunst grundsätzlich jedoch schon eine schwierige Frage, denn man weiß aus der Erfahrung, dass das, was die Medizin proklamiert und besonders dasjenige, was heute medizinischer Materialismus ist, in den häufigeren Fällen sogar mehr Schaden als Nutzen bringt. Wenn man heute erst einmal, wie man sagt, in der medizinischen Maschinerie, in dem ganzen Experimentierfeld angekommen ist, dann ist man nicht mehr zu beneiden. Auf der anderen Seite muss aber wieder gesagt werden, wenn es noch keine wissenschaftliche Medizin geben würde, dann wäre es wohl mit dem Menschen in mancherlei Hinsicht schlecht bestellt. Er müsste vielleicht an einer Krankheit schwere Schäden miteinkalkulieren oder gar versterben, wenn nicht ein Antibiotikum eingreifen würde oder eine operative Maßnahme die Sache auf relativ bündige Weise bereinigen könnte.

Es sind also geradewegs diese zwei sehr frontalen und unvereinbaren Pole von Schaden und Nutzen in der Wissenschaft sichtbar. Der äußere Verstand könnte viel streiten, wer von diesen beiden Polen nun recht hat. Solange man diese Pole aneinander abwägt, ist es immer schwierig, denn man kann es gewissermaßen in der Welt nicht beiden recht machen. Die Welt und ihre Standpunkte bilden den Raum der trennenden Wirklichkeit. Im Geiste aber kann man es allen recht machen. Der Geist ist der Ort der offenen und sich transzendierenden Raumverhältnisse. Das ist der Vorteil. In der Welt kann die allgemeine Intellektualität es nicht beiden recht machen, im Geiste aber lebt die Möglichkeit, dass man es sowohl der einen als auch der anderen Partei zugute kommen lässt. Das ist der große Vorteil einer wirklichen geistigen Orientierung.

Die Entwicklung einer erweiterten Medizin oder medizinischen Grundbegrifflichkeit und Vorstellungstätigkeit, die schließlich in der Praxis mit nächstmöglichen Methoden, mit zusätzlich formulierten Idealen, die ein geistiges Verständnis der Krankheit beinhalten, ist eigentlich für jeden Therapeuten, der auf irgendeine Weise Medizin betreibt, möglich. Es ist aber auch für jeden, der heute Geistschulung betreibt, möglich, dass er in die verschiedensten polaren Ströme, die im Dasein bestehen, mit geistvollen und logischen Idealen eingreifen kann, die die nächstmögliche Verbesserung aus der geistigen Sichtweise naturgemäß benötigt. Er kann beispielsweise diejenigen Inhalte praktisch anwenden, die ihm aus den Informationen und aus den ersten erlangten Wahrheitsempfindungen zur geistigen Welt wichtig erscheinen. Er kann diese real denken und sie für die Entwicklung eines nächstmöglichen, konsequenten Folgeschrittes anwenden.

Der Mut, der jedoch dazu erforderlich ist, ist derjenige, der scheinbar so schwer zu erlangen ist und der nur darin besteht, dass diejenige Askese gegenüber den verschiedenen Gewichtungen und Abhängigkeitsverhältnissen eintreten muss, die eine weltliche Polarität aufweist. Es wird der Mut zu einem etwas luftigeren, gewagteren Selbstwerdeschritt durch den Gedanken selbst erfolgen. Nicht auf die alten Balken und alten Haltepunkte darf sich der Einzelne zu sehr stützen, sondern er muss sich, wenn er einen Schritt aus einer nächstmöglichen Welt der Idee oder der geistigen Realität hereinführt, auf diese so ganz freie Ebene begeben, er muss gewissermaßen balancieren lernen auf einem Balken, der über die verschiedenen Pole gespannt ist und in der Zwischenwelt einen scheinbar so verhängnisvollen Abgrund aufweist. Ein gewisses Balancevermögen muss auf rechte Weise einmal zu der einen Welt und dann wieder auf rechte Weise zur anderen Welt eintreten. Luftig und wagemutig gleiten die gedanklichen Schritte in die Welten. Es bleibt das Balancieren für sich eine Realität, die immer wieder neu vorgenommen werden muss und schließlich sogar zu einer gewissen Sinnfrage des Lebens beiträgt.

Die Spiritualität stellt auch die Fragen: Auf was muss ich wirklich im Leben verzichten? Was muss ich des Weiteren im Leben entwickeln? Welche Inhalte muss ich durch eigene Disziplin entwickeln? Die Schwierigkeiten des modernen Menschen sind gerade darin begründet, dass – wie wir gestern gesagt haben – immer wieder die irdische Welt zu sehr in die Mitte rückt und diese viel wertvollere geistige Welt gar nicht recht wahrgenommen oder nicht recht mit Gedanken und Inhalten in die Realität hereingenommen wird. Die geistige Welt wird für die zeitorientierte, weltliche Intellektualität nicht real genug gedacht, sie wird zu wenig als Realität genommen und die irdische Orientierung scheint doch die gesamte Realität wieder für sich einzunehmen. Für den Geist bedeutet diese moderne Wirklichkeit ein Ausgeschlossensein.

Wenn einmal die Begrifflichkeit der geistigen Schulung genommen wird, dann darf sie etwa im Sinne von Rudolf Steiner, wenn wir uns einmal direkt an die Worte anlehnen, so genommen werden, dass wir sagen können: Die geistige Schulung ist eine Erweiterung zu dem bisherigen gesamten, konventionellen Leben. Die geistige Schulung stellt nicht eine Reduzierung zu dem bisherigen Leben dar, sondern sie stellt eine Erweiterung dar. Sie stellt des Weiteren nicht eine Revolution zu dem bisherigen Leben dar, sondern sie stellt die Möglichkeit des Erweiterns, sogar des Weit-Werdens im wahrsten Sinne dar.

Deshalb ist es notwendig, dass von der Sympathie des Astralleibes – das ist die Begrifflichkeit, die während der Kommunikationstage hereingeführt wurde – ausgegangen wird. Es ist die Erweiterung des Bewusstseins zu einer bisherigen Sache immer eine sympathische Angelegenheit. Es ist immer erfreulich, wenn der Mensch das Bisherige anerkennt, vertieft und erweitert wie beispielsweise dasjenige, das sich im Leben als eine Manifestation gezeigt hat und nun noch weiter in eine Ästhetik oder in eine Förderleistung bringt.

So ist auch das Leben der Spiritualität zu sehen. Nicht das Leben soll nun völlig umgekehrt, invertiert werden, sondern das Leben sollte neue Möglichkeiten und neue Ströme erhalten. Das ist etwas ganz Wichtiges, dass von dieser Art Sympathie und dem Mut, dieses Leben in den verschiedensten Gebieten zu durchdringen, ausgegangen wird. Nicht von dem Gedanken, dass man sich die schwierige Qual auferlegt und sich auf den Weg des analytischen und spitzfindigen Ausrottens des sogenannten

Negativen begibt, soll ausgegangen werden, sondern von der wirklichen Möglichkeit, dass die Kenntnisnahme einer geistigen Welt, die Anschauungstätigkeit zu neuen ästhetischen Offenbarungen der geistigen Welt das ganze Leben in eine Durchatmung und Bewegung bringen kann. Diese Art Sympathie würde sich dadurch als Sympathie innerhalb dem ganzen Menschen verkünden.

Jener Mensch aber, der immer nur spitzfindig auf das sogenannte Böse achtet, der immer erst einmal das Böse ausrotten möchte und damit glaubt, er wäre dann doch einmal siegreich für das Gute, der schafft eine Art antipathisches Kleid um sich, eine Sphäre, die von allerlei Wesensmächten gekennzeichnet ist, die mit ihm ein illusionäres Spiel betreiben. Das alleinige Suchen nach den sogenannten schlimmsten Fehlern, die begangen und die scheinbar ursächlich dafür sind, dass das Leben nicht glücklich verlaufen kann, führt den Menschen wirklich in die Stimmung des Verwickeltseins mit seinen Emotionen und bringt die weltliche Abhängigkeit umso deutlicher hervor. Das Leben ist noch nicht erweitert, sondern das Leben ist auf diese Weise nur verkompliziert. So ist diese Ausrichtung zu einem wirklichen Bewusstsein der Sympathie, das heißt der Erweiterung und des nächstmöglichen logischen Bewusstseins ein Teil, der der gesamten menschlichen Würde sehr naheliegt und den Menschen selbst in seiner psychischen und physischen Gesundheit oder allgemein in seiner gesamten Ausstrahlung und Ausrichtung zum Leben stärkt.

In dem Zusammenhang der Sympathie des Astralleibes und des wirklichen Erweiterns lässt sich nun ganz praktisch folgendes Beispiel herbeileiten. Dieses Beispiel, das sich herbeileiten lässt, kann mit einer kleinen Evangelienstelle kurz umschrieben werden. Es heißt in einer Evangelienstelle nach Lukas:

„Und er trieb einen Dämon aus, der stumm war. Es geschah aber, als der Dämon ausgefahren war, redete der Stumme; und die Volksmengen wunderten sich. Einige aber von ihnen sagten: Durch Beelzebul, den Obersten der Dämonen, treibt er die Dämonen aus. Andere aber versuchten ihn und forderten von ihm ein Zeichen aus dem Himmel. Da er aber ihre Gedanken wusste, sprach er zu ihnen: Jedes Reich, das mit sich selbst entzweit ist, wird verwüstet, und Haus gegen Haus stürzt ein. Wenn aber auch der Satan mit sich selbst entzweit ist, wie wird sein Reich bestehen? Denn ihr sagt, dass ich durch Beelzebul die Dämonen austreibe. Wenn aber ich durch Beelzebul die Dämonen austreibe, durch wen treiben eure Söhne sie aus? Darum werden sie eure Richter sein. Wenn ich aber durch den Finger Gottes die Dämonen austreibe, so ist also das Reich Gottes zu euch gekommen.

Wenn der Starke bewaffnet seinen Hof bewacht, so ist seine Habe in Frieden; wenn aber ein Stärkerer als er über ihn kommt und ihn besiegt, so nimmt er seine ganze Waffenrüstung weg, auf die er vertraute, und seine Beute verteilt er. Wer nicht mit mir ist, ist gegen mich; und wer nicht mit mir sammelt, zerstreut."

(Lk 11, 14 - 23)

Von der Rückkehr unreiner Geister:
„Wenn der unreine Geist von dem Menschen ausgefahren ist, so durchwandert er dürre Orte und sucht Ruhe; und da er sie nicht findet, spricht er: Ich will in mein Haus zurückkehren, von wo ich ausgegangen bin. Und wenn er kommt, findet er es gekehrt und geschmückt. Dann geht er hin und nimmt sieben andere Geister mit, böser als er selbst, und sie gehen hinein und wohnen dort; und das Ende jenes Menschen wird schlimmer als der Anfang."

(Lk 11, 24 - 26)

Die Dämonenaustreibung war früher eine bekannte Heilmethode, denn sie war auf einer Sicht der bestehenden Wesen, das heißt auf der realen Sicht zum Existentsein der Dämonen begründet. Das Leib-Seele-Verhältnis war zu dieser Zeit noch nicht so eng und so materiell geschlossen, wie es heute ist, so dass noch spürbar war, dass die Krankheit mit einem sogenannten Dämon, mit einem Wesen zu tun hat und das Wesen nun wieder von dem Menschen um seiner Unversehrtheit willen weichen müsse. Deshalb war die Dämonenaustreibung zu dieser Zeit ein tatsächlich therapeutischer Akt.

Aus der Evangelienstelle stellt sich die Frage: Wo gehen denn die Dämonen hin, wenn sie ausgetrieben sind? Wo geht dieses Wesen hin? Ist dieses Wesen wirklich ertötet, so dass es sich in nichts auflöst, so dass es tatsächlich nicht mehr existent ist oder geht dieses Wesen, das von dem Menschen ausgetrieben ist, gewisse andere Wege? Es darf durchaus die Frage gestellt werden: Wenn heute jemand therapiert wird und er wird auf falsche Weise therapiert, wer übernimmt dann die Krankheit? Ist der eine gesund und der andere dafür wieder krank geworden? So etwas lässt sich durchaus beobachten, so dass mit der physischen Heilung nicht unbedingt immer ein Fortschritt erzielt wird. Die physische Heilung allein kann sehr viele Trugschlüsse nach sich ziehen. Es stellt sich jedenfalls der Evangeliumschreiber die Frage: Wohin geht dieser Dämon? Es wird ganz eigenartig gesagt: Der Dämon durchwandert nun dürre Stätten. Man stelle sich nun die Wüsten und die dürren Zonen des Landes vor. Er durchwandert sehr dürre Stätten und nachdem er diese dürren Stätten durchwandert und keine Heimat für sich gefunden hat, wartet er darauf, bis das ehemalige Haus wieder gut gesäubert und gereinigt ist, das heißt er wartet gerade auf jenen Zeitpunkt, wo die Entspannung und Leichtfertigkeit wieder in seinen früheren Besitzer eingetreten ist und dann geht er hinein in siebenfacher Stärke, in einer solchen Stärke, dass er nun wieder alles von Neuem verwüstet.

Wenn man diese Stelle einmal mit Ernsthaftigkeit liest, kann sie durchaus einigen Schrecken erzeugen. Nun, einen Schrecken braucht für den ernsthaft interessierten Geistschüler diese Stelle nicht geben, aber sie kann unter Umständen nicht gerade als ein sehr freundschaftlicher Ton, als eine sehr schöne freundschaftliche kosmische Botschaft verstanden werden. Wenn der Dämon keine Heimat findet – und er findet sie nicht – kehrt er wieder zurück und greift seinen früheren Besitzer mit vehementerer, größerer Stärke an. Das ist eine Aussage, die durchaus schon ein gewisses schauerliches Gefühl erzeugen kann und sich deshalb naturgemäß die Frage aufdrängt, ob man nicht besser vor allem feinstofflichen Wesenhaften und den sogenannten Dämonenaustreibungen oder Dämonenwelten lieber die Augen ganz verschließt, so dass man diese am besten so gut wie nicht mehr wahrnimmt und sie zu einer etwas schlechteren, älteren Zeit rechnet. Diese Zeit ist heute nun etwas kompakter und moderner geworden, in der die Dämonen weniger an der körperlichen Erscheinung sichtbar sind, sondern nur eine für die Wahrnehmung gänzlich unsichtbare innere Sphäre bewohnen.

Die Stelle braucht aber so oder so keine Schauerlichkeiten erzeugen, sondern sie kann tatsächlich für die Erkenntnisforschung ganz wertvolle Anhaltspunkte geben. Es ist tatsächlich auf dem Weg der Verwirklichung eine ganz bedeutungsvolle Wahrheit, dass es so etwas wie Krankheiten und ihre spezifischen Wesen gibt. Die menschlichen Konflikte zeigen nichts anderes an, als dass sich gewisse Geister in der verkehrten Stimmung bewegen. Es sind nach der Terminologie, wie sie auch hier geführt wird, Wesen an dem verkehrten Platz angekommen oder es ist ein Durcheinander, eine Unordnung im sogenannten Astralleib entstanden und dieser erzeugt nun alle Turbulenzen.

Als konkrete Beispiele für die Identifizierung eines sogenannten Wesens lassen sich diejenigen Verhältnisse, die oft konfliktreich beladen sind, benennen, beispielsweise die Elternbeziehung. Man muss sich direkt ein Jahr fernhalten, um einmal die Konflikte im Äußeren einigermaßen zu überschauen oder in der richtigen Weise einzustufen. Die Distanzierung oder das Fernhalten von bestimmten Personen oder von notwendigen Konfliktfeldern ist aber in der Regel eine Möglichkeit zur Entwicklung einer freieren Sichtweise: Wie sieht das Spiel der Beziehungsverhältnisse tatsächlich aus? Wie kann ein *karma* im Miteinander in ein reales Fühlen finden? Warum sind immer wieder jene sogenannten karmischen Wiederholungsstrukturen, die Ausdrucksformen des Ätherleibes in ihrer Anziehung sind, tätig, so dass Ähnliches, Gleiches oder sogar noch Verstärktes im Miteinander einer Beziehung spürbar sind? Warum ist es tatsächlich eine Frage, die immer wieder eintritt, dass diese wirklichen genetischen Verhältnisse und diese eingebundenen Konflikte sich nicht wirklich restlos auflösen lassen und scheinbar die daran gebundenen Wesen oder Dämonen bleiben?

Es ist diese Frage tatsächlich so wesentlich, weil sie an die Entwicklung des Menschen appelliert. Es ist die Entwicklung des Menschen eine essentielle Frage der Spiritualität und der geistigen Vervollkommnung. Der Mensch muss seiner selbst dahingehend gerecht werden, dass er diese geistige Entwicklung im rechten Maße beantwortet. Er kann aus sich selbst nicht entweichen und somit auch nicht aus einem Entwicklungsgedanken, aus einer Entwicklungsdimension seines Inneren entweichen.

Die Entwicklung möchte zu einer Erweiterung kommen, zu einer Erweiterung des bisherigen Daseins. Der Konflikt selbst zeigt Unstimmigkeiten auf. Warum können beispielsweise zwei Menschen miteinander nicht umgehen? Warum entwickeln sie Konflikte? Die Frage kann bis in eine psychologische Detaillierung geklärt werden und wird meistens dennoch keine restlose Lösung preisgeben. Im Allgemeinen kann die Frage aber auch beantwortet werden, indem der Entwicklungsgedanke gegenübergestellt wird. Warum sind zwei Menschen miteinander in einem Konflikt? Seien sie innerhalb den Generationen, innerhalb den Verwandtschaften, seien sie innerhalb von einem Kollegium oder seien sie innerhalb von zwei verschiedenen Weltanschauungen, es ist einerlei, die Neigung des Dämons, des pathologischen Wesens ist seine Angst vor Entwicklung oder vor einem Offenbarwerden. Der Dämon verhüllt die Sphäre oder verhindert eine klärende Objektivierung. Er trägt in sich die Angst vor dem Geistigen.

Wenn zwei Menschen in einem Konflikt sind, dann schließt sich der Konflikt, bedingt durch Einflüsse der Wesen, in sich selbst ein. Schematisch könnte das so bezeichnet werden, dass sich zwei Personen gerade dadurch in ihrer Welt besonders finden. Sie verbinden sich auch innerhalb dieser Polarität, die gegeben ist, aber sie vertragen sich nicht. Nun möchte sich der eine gegenüber dem anderen besonders behaupten, merkt aber, dass er auf diese Weise nicht gerade den gesündesten Fortschritt macht. Innerhalb des eingeschlossenen Wesenskreises kann sehr selten eine konkrete Auflösung der Belastungen eintreten. Die Wesen der Enge oder Pathologie halten die Sphäre einer Illusion aufrecht.

Es stellt sich nun die interessante Frage, wie jener erwähnte Balanceakt zwischen den beiden, die in sich eingeschlossen sind, durch ein Drittes, durch die Herabkunft, durch die Wirkung von einem möglichen Dritten bereichert wird. Solange innerhalb dem eingeschlossenen Kreise gedacht wird, das heißt innerhalb den polar gesonnenen Konfliktqualitäten, kann letzten Endes der Dämon nicht in eine Erlösung kommen. Der Dämon findet aber tatsächlich in eine Erlösung bzw. das Wesen, das sich eine Heimat sucht, findet die Heimat dann, wenn eine neue höhere, von geistiger Warte aus kommende Qualität hinzugefügt wird. Es muss die Herabkunft eines Geistigen stattfinden. Diese Herabkunft eines Geistigen ist aber nicht irrtümlicherweise als ein reiner äußerer Gnadenakt, dem man sich passiv beugen könnte, zu verstehen, sondern es ist dieses Herabkommen des Geistigen tatsächlich eine Angelegenheit der Ich-Voraussetzung, des Ich-Selbstes und der Weisheit, in der sich dieses Ich-Selbst bewegt. Indem vom Geiste aus die nächste Möglichkeit gedacht wird und die Entwicklung dadurch auf eine nächstförderliche Stufe angehoben wird, kann dieser feine Balanceakt, der zwischen zwei Menschen besteht, ganz neu bereichert werden, so dass sich diese engen Schranken und Balken, die miteinander fechtenden Pole, auflösen können. Der neue Gedanke zeugt dann von einer sympathischen Wirklichkeit und stimmt bald auch das ganze übrige Gebäude sympathischer. In dieser Ausrichtung sollte eigentlich die größere Aufmerksamkeit erfolgen.

Tafelskizze

Schöpferische Spur. Wieder Beginn

Person — Person

individuelle Einhüllung durch die Wesen des Körpers

Es kann deshalb tatsächlich einmal die Frage auf praktische Weise gestellt werden: Worin liegt wieder die größte Aufmerksamkeit innerhalb dem bestehenden Eingebundensein in der Materie? Denkt der Einzelne tatsächlich mehr innerhalb seines Konfliktes und innerhalb der versuchsweisen Lösung der unterschiedlichen Bedrängnisse oder denkt er tatsächlich daran, sein Leben neu zu bereichern, also durch geistige Klarheit, geistige Begrifflichkeit, geistige Vorstellungstätigkeit sein Leben auf eine nächstmöglichere, höhere Stufe anzuheben? Wie viel Kraft wird wirklich dahingehend gerichtet, dass ein Geburtsvorgang im Sinne eines noch nicht manifestierten Bewusstseins eintreten kann?

Wenn einmal zur äußeren Klärung und Übersicht eines Konfliktes das Zeitmaß berücksichtigt wird, dann kann es schon für die Lebensplanung einige deutliche Erkenntnisse geben. Wenn einmal dieses Zeitmaß betrachtet wird: Wie viele Gefühle und Gedanken werden in den geschlossenen, in sich verhafteten Kreis, in den Konflikt selbst hineingerichtet? Wie speisen sich jene Welten, die durch allerlei Wesen gebunden sind, indem der Mensch ihnen eine lange Berechtigung gibt? Wie viel Gedankenkraft, wie viel Zeit in der Gesamtheit wird mit jenen Ernährungsprozessen verbracht, damit dasjenige auch einmal gedacht wird, das noch nicht manifestiert ist? Wie viel Zeit wird in einer Produktivität wirklich genommen für den entwicklungsfreundlicheren, sympathischeren Gedankengang? Ernährungsprozesse sind es förmlich, die über die Zeit geschehen und die Dämonen mästen oder die auf der anderen Seite die Grazilität der Seele fördern können.

Im Sinne des Lebenskonzeptes und der Lebensplanung ist es außerordentlich wichtig, dass man daran denkt, dass etwas wahrhaftig Nahrhaftes innerhalb dem Konflikte fehlt und wenn es fehlt, dann fehlt es, dann wird es der Konflikt nicht in sich selbst kreieren oder nur sehr bedingt ersetzen können. Das, was aber fehlt, ist der erweiterte Gedanke, die erweiterte Dimension der Entwicklung aus dem Geiste. Die Nahrung aus einem geeigneten Gedanken fehlt dem Menschen. Man betrachte einmal die moderne Welt. Was fehlt dieser so sehr gelobten Welt? Es fehlt wirklich die Heimat eines spirituellen Gedanken- und Empfindungssinnes in dieser Welt. Es ist keine Heimat in dieser Welt für die Seele gegeben. Wer fühlt sich nicht heimatlos? Wer fühlt sich nicht reduziert und erschöpft? Es sind wirklich im wahrsten Sinne die Geister auf dürren Stätten unterwegs und suchen einmal dort oder dort eine Selbstbestätigung, aber ein wirklich zufriedenes Einkehren nach innen, in eine warme Seele, in eine Seelenstatt des Inneren, in ein wirkliches Bewusstsein, dass es sich um eine Liebe handelt, die innerhalb der Polaritäten balanciert und die aber eine Wärme und Fülle besitzt, die alle Polaritäten verstehend bzw. gewährend aufnimmt, die nicht verurteilend projiziert, diese fehlt als ernährungsbedingte Stärke dem Menschen.

Das Lebenskonzept bzw. Zielkonzept für dieses bevorstehende Jahr müsste deshalb individuell mit jener Weisheit aufgebaut werden, dass die Kraft, die von geistigen Höhen hereinkommen kann, ständig verstärkt wird und alle anderen Bereiche nach Vernunftkriterien gelöst werden. Es müssen vielleicht Distanzierungen in mancher Hinsicht um die Erlangung einer Übersicht im Denken im richtigen Maße vorgenommen werden, aber die Distanzierung wird nur eine äußere Maßnahme darstellen. Wenn sie die letzte Antwort bleibt, führt sie mit der Zeit zur Spaltung. In vielen Situationen des Daseins kann die rechte sorgfältige Distanz im persönlichen Leben ein wahrer Schritt zu einer lebendigeren und wahren Verbindung werden. Die bewusste wahre Verbindung schließt die bindende Abhängigkeit aus. Wichtig ist es, dass durch den Menschen mit der Zeit ein substantielleres Potential, gleich eines edlen charaktervollen Ernährungsvorganges, geboren wird. So wie die Erweiterung der Heilkunst nicht eine Revolution darstellt, so stellt die geistige Entwicklung auch nicht eine Umkehrung aller bisherigen Prinzipien in der Welt dar, sondern sie bildet die wahre Ernährung und bereichert durch wohlerwogene, inspirative Gedanken das ganze Leben.

Gestern abend wurde jener Gedanke aus der geistigen Welt angeführt, dass es sich auf eine bestimmte Weise in der geistigen Welt verhält, wenn jemand immer über andere urteilt, das heißt wenn er anderen immer Schuldprojektionen über das eigene Unvermögen zusendet. Es wurde gestern gesagt: Auf Schuldprojektionen errichtet sich in der geistigen Welt eine Schranke und diese blockiert den Menschen im gesunden Fortschreiten in seiner Seele. Ab dem Moment, ab dem dem anderen die erste Schuldprojektion zugewiesen wird, blockiert sich deshalb der eigene Weg. Der Geistschüler müsste nun doch mit einiger Weisheit feststellen, dass man diesen Weg viel sorgfältiger begehen muss und beispielsweise auf so etwas wie Schuldprojektion auf entschiedene Weise verzichten lernen muss. Man kann, wenn man die Angaben ernst nimmt und sie auch nach Vernunftkriterien denkt, nicht anders reagieren, als dass man sich sagt: Wenn das Gesagte einer Wahrheit entspricht, dann muss ich mich hüten, anderen Schuldzuweisungen und Projektionen zuteil werden zu lassen, ich muss dies sowohl um den anderen als auch um meinetwillen tun. Es würde sich mein Leben nur unnötig in der Materie einbinden und verwickeln, wenn ich anderen die Schuld für Umstände zuweise, die ich selbst noch nicht bewältigen kann.

Das Verzichten im rechten Sinne ist deshalb mit Hilfe der Gedanken der geistigen Welt leicht. Wer die geistige Welt studiert, weiß relativ schnell, auf was er verzichten muss. Studiert er aber die geistige Welt nicht oder die Gedanken zu wenig – das ist leider ein häufiger Umstand – dann ist es immer sehr schwer, die rechte Askese zu finden. Meistens ist dann die Entsagung, der Verzicht an der falschen Stelle angesetzt und gibt nur unnötige Energieverluste preis. Wenn die geistige Welt aber mit den Gedanken studiert wird und es lassen sich vielerlei Gedanken anführen, dann kann sehr leicht erwogen werden, auf welche Umstände der Mensch wirklich achten muss, was er tun kann und auf welche Kriterien er verzichten muss. In diesem Sinne wäre es einmal wichtig, ein Zielkonzept individuell aufzubauen.

Es gibt einen recht schönen Vers aus der Bhagavad Gītā, der mir zu diesem Thema einfällt:

> *evaṁ buddheḥ paraṁ buddhvā*
> *saṁstabhyātmānam ātmanā*
> *jahi śatruṁ mahā-bāho*
> *kāma-rūpaṁ durāsadam*

(Bhagavad Gītā III/43)

Die letzte Zeile heißt *kāma-rūpaṁ durāsadam* und sie beschreibt *kāma-rūpaṁ*, die Form der Begierde, das Wesen der Begierde. Die Form der Begierde ist so schwer zu überwinden, heißt es: *kāma-rūpaṁ durāsadam*. Die Formen von sowohl angenehmer Art von sogenannten Wesen als auch von unangenehmer Art, wie es die Begierdewesen sind, können in den nächsten Tagen zur Darstellung gelangen. Dämonen und Formen von Begierden gibt es tatsächlich sehr viele und unterschiedliche.

Für das Verständnis der Dämonenaustreibung kann deshalb abschließend und zusammenfassend noch einmal gesagt werden, dass es keinen Sinn hätte, durch besondere Methoden das sogenannte Negative, Böse, Konfliktbeladene oder Sündhafte mit dem erhabenen Finger zu bekämpfen oder es gar auszutreiben zu versuchen, es ist vielmehr heute der gesunde geistige Ernährungsprozess mit geeigneter Gedankenpflege und Gedankenentwicklung wichtig, der zu einer Erhebung des Astralleibes führt und den Menschen von oben die Heimat im irdischen Dasein schenkt. Der sogenannte Dämon würde sich dann im herabfließenden Erlösungsstrom der neuen Ziele und Gedanken nicht nur verflüchtigen und dürre Stätten durchwandern, er würde tatsächlich die dichte Erdensphäre verlassen können und frei sein.

Die Erstellung eines Zielkonzeptes auf drei Ebenen

1. Vortrag vom 29. 12. 2007

Heute schreiben wir den 29. Dezember. Es ist sinnvoll, noch einmal zu den Grundgedanken der letzten Tage zurückzukehren. Das Zielkonzept für diese Tage, die die sogenannten Rauhtage sind, ist sehr bedeutungsvoll. Wie plant der Einzelne seine Zukunft? Welche Gedanken kann er jetzt in diesen Tagen entwickeln, die ihn dann weiterbegleiten, in der Seele sogar weiter in die Zukunft hineintragen? Jene Gedanken, die in diesen weihnachtlichen Tagen aus dem verborgenen Seelischen emporgleiten können oder jene Gedanken, die tatsächlich aus dem bisherigen Gesagten herabzuführen sind und in eine erste Ideenentwicklung des Weltenzusammenhangs kommen, sind für die zukünftigen Monate ein großes Zündfeuer, ein großes inneres, bewegtes Feuer, das schließlich die erglänzende Möglichkeit öffnet, eine brauchbare Verwirklichung anzustreben.

Nun ist es scheinbar eine relativ große Schwierigkeit, das Zielkonzept so zu erstellen, dass tatsächlich jene Gedanken ergriffen werden, die in den rechten Weltenzusammenhang führen und die individuell die Persönlichkeit bereichern können. Da die Ausrichtung, wie sie hier gepflegt wird, nicht eine einseitige ist, weder eine rein weltliche noch eine nur geistige, sondern eine, die die gesamte Perspektive in eine Synthese von Geist und Welt führen sollte, ist es erforderlich, dass das Zielkonzept in dieser freizügigen Weise aufgebaut wird, dass eine vernünftige, individuelle und universale Verbindung dieser Pole eintreten kann.

Im Allgemeinen des Denkens würde nun jemand sagen: Ich nehme die Gedanken des Geistes und verknüpfe sie der Reihe nach mit der Welt und mit den psychischen und physischen Grundprinzipien. Es ist aber gerade deshalb das Zielkonzept oftmals relativ schwierig zu erstellen, da nämlich das sogenannte geistige Leben und die geistigen Wahrheiten nicht einfach verknüpfbar sind mit den wissenschaftlichen Forschungen und den Ergebnissen des allgemeinen vernünftigen Denkens. Das Bewusstsein einem Geiste gegenüber ist doch etwas relativ Schwieriges. Der Geist lebt nach anderen Prinzipien.

In einer kleinen Skizze kann einmal ein Beispiel in den Erlebensraum der menschlichen Seele hineingeführt werden, das über das Erleben einige wesentliche Unterschiede verdeutlicht.

Tafelskizze:

Bewegung als freie Initiative der Seele

Wand als Fixation

Es ist die ganze irdische Welt mit ihren gewöhnlichen Denkkriterien zusammengefasst einmal so etwas wie eine Wand. Wenn heute der Blick auf eine Wand erfolgt, auf eine typische Wand, auf eine gemauerte Wand, dann darf man durchaus sagen, sie sei so etwas wie die irdische Welt, sie sei ein prototypisches Sinnbild für die irdische Materie. In der irdischen Welt mit den räumlichen Ausdrucksformen hat man wirklich eine klare Festigkeit und Abgeschlossenheit vor sich. Das Bild der Abgeschlossenheit oder auch des Getrenntseins ist eigentlich ausschlaggebend für eine Wand. Das Bild der Wand, der typischen Wand, sei es eine Felswand mit recht gut strukturiertem Charakter, die noch mehr offenen Ausdruck besitzt oder sei es eine Wand in dem Sinn, wie sie gemauert wird, die einen vielleicht abgeschlossenen Ausdruck liefert, ist immer ein Erinnerungsbild für das Abtrennende.

Nun weiß wohl jeder vernünftig denkende Bürger der Zeit, dass es wohl nicht sinnvoll sei, alle Wände dieser Erde einzureißen und das trennende Prinzip aus der Welt zu verbannen oder mit dem Kopfe durch die Wand zu rennen. Es kann aber jener geniale Gedanke von einer neuen offenen und dynamischen Wirklichkeit gedacht werden, so dass die Wand eine ganz andere Ausdrucksgebung gewinnt. Es kann als eine Bewegung eine Linie gezeichnet werden, die durchaus an eine mathematische Kurve erinnert und die sogar in ein Verhältnis zur Grundlinie der Wand geführt werden kann. Wenn wir solch eine Bewegung in der Architektur aufbauen, das heißt in eine Wand diese Bewegung hineinmodellieren, dann haben wir schon nicht mehr die typische Form des Begrenztseins und auch nicht die Art der Blockade des Abgetrenntseins, sondern wir haben eine Andeutung, dass sich das Geformte in das nächstmögliche Bewegende hineinbegibt und schließlich sogar über die Form hinaus in ein Unbegrenztes hineinerhebt.

In der Architektur können diese Formen berücksichtigt werden. Es können Kombinationen von Ruhe und Bewegung entstehen, es können Bewegungsformen entwickelt werden, die eine Art Erinnerung an den Menschen richten, so dass der Mensch spürt, wie eine Wahrheit nicht in dem, was die physische Natur offenbart, allein vorliegt, sondern wie die Wahrheit immer eine transzendente, das heißt eine über die physische und sichtbare Neigung hinausgehende ist.

Bei der Erstellung des Zielkonzeptes ist es nun so, dass es nur möglich ist, zu einem sinnvollen, langlebigen und tauglichen spirituellen Ergebnis zu gelangen, wenn innerhalb dem Bewegtsein die Ausrichtung erfolgt und die Gedanken schließlich aus dem regsamen Denken der Seele und des Geistes selbst in einem Zusammenhang entstehen. Würden die Gedanken tatsächlich aus dem statischen Bild der festen Materie oder der sogenannten nur vernunftgeprägten Welt entstehen, so ist keine wirkliche Aussicht für die Zukunft zu entwickeln. Aus der Wand entsteht nur ein trennendes Gefühl. Aus der festen Materie kann keine Bewegung entstehen. Die Bewegung selbst entspringt in der Regsamkeit der Seelenkräfte des Menschseins. Dazu kann in einer detaillierten, mehr spirituellen Weise das Zielkonzept vorgestellt werden. Es wurde das Zielkonzept schon öfter beschrieben, beispielsweise kamen in dem Initiatorischen Schulungskurs[1] bereits mehrere Angaben, wie ein solches Zielkonzept aufgebaut werden kann. Nun soll aber ganz besonderer Wert auf die spirituellen Gedankengänge gelegt werden.

Die einfachste Form der Gliederung für das Zielkonzept entwickelt sich daraus, wenn einmal in jener Dreigliederung von der physischen Welt, das heißt von der wirklichen materiellen Ausgangslage unterschieden wird, dann als nächstes das Konzept darauf gerichtet wird, welche Möglichkeiten in der Seelenwelt erstrebenswert sind, das ist die nächste Welt, die den Menschen nach dem Tode unmittelbar empfängt und schließlich kann, das ist wohl der schwierigste Punkt, das Zielkonzept auf die geistige Orientierung, auf die geistige Einswerdung bzw. auf die Vervollkommnung im Sinne eines reinen schöpferischen, urbildlichen Menschen ausgedehnt werden. Der Körper ist Repräsentant für die irdische Welt, die Seele wird Repräsentantin für die kosmische Welt und der Geist ist dasjenige innerste heiligste Wesensglied, der für das Gesamte und für die schöpferische Welt gegeben ist. Der Geist kann als *brahman* bezeichnet werden.

---

1) Vgl. Heinz Grill, Gemeinschaftsbildung und Kosmos S. 224 ff; Heinz Grill, Broschüre „Materielle Wertempfindung und moralische Vollkommenheit in der Seele. S. 41 ff
Heinz Grill, Der Hüter der Schwelle und der Lebensauftrag, S. 63 ff

Es kann nun einmal die Frage gestellt werden, wie der Mensch wohl am besten zu einer guten Orientierung in der physischen Welt finden kann. Die physische Welt bildet einen wesentlichen Teil des gesamten Kreislaufes von Geburt und Tod, der nicht außer Acht gelassen werden kann. Derjenige, der eine geistige Schulung betreibt, muss sich unweigerlich mit den gewöhnlichen Vernunftprinzipien der Materie auseinandersetzen. Geistige Schulung darf auf keinen Fall dazu führen, dass der Aspirant ein Weltenträumer und einseitiger Individualist wird, der nicht mehr seine gewöhnlichen Verpflichtungen in der Welt erledigen kann. Geistige Schulung wird, wenn sie richtig verstanden wird, immer zu einer besseren integrativen Ausrichtung und sozialen Befähigung innerhalb der Welt führen. Nicht weniger wird die Weltbeziehung, sondern die Weltbeziehung wird durch geistige Schulung intensiver und wirklicher. Es ist aber tatsächlich wichtig, dass diese Begriffe „Geistige Schulung" nach den Maßstäben genommen werden, wie sie wirklich zu verstehen sind. Geistige Schulung, das heißt die Hinwendung zum Geiste führt immer zu einer besseren und wirklicheren Hinwendung zur Materie. Die wirkliche Hinwendung zu der Materie und zum Leben stellt das Gegenteil zur Gebundenheit im Leben dar.

Der Mensch gewinnt die allerbeste physische Beziehung, wenn er sich so weit wie möglich befreien kann von den Abhängigkeiten der Welt, von allerlei Konflikten und eigenartigen ungünstigen Lebenswogen. Die Hinwendung zur geistigen Welt ist immer mit einer vernünftigeren Bewegung zur irdischen Welt verbunden. Es scheint darin zunächst einmal ein Widerspruch zu liegen. Der Widerspruch erklärt sich aber dann, wenn die Hinwendung zur geistigen Welt als bewusste, gedankliche und emotionale Regsamkeit verstanden wird, wenn sie einmal sehr sorgfältig in die Aufmerksamkeit im Sinne des spirituellen Wollens genommen wird. Eine Hinwendung zur geistigen Welt, das heißt ein wirkliches bewusstes, aufmerksames Hinwenden zu den Wahrheiten, die aus geistiger Forschung oder aus geistigen Disziplinen entstanden sind, führt nämlich dazu, dass sich die ganze Sinnesrichtung und Blickrichtung des Menschen befreit und sie schließlich in einer natürlicheren Weite zum Leben ausgerichtet werden kann.

Diese Hinwendung ist aber, um Rudolf Steiner einmal in einer ganz eigenartigen Feststellung zu zitieren, oftmals mit einigen eigenartigen mystischen Verkehrungen blockiert. Rudolf Steiner sagte einmal, das wird ihm natürlich nicht immer gerade als Toleranz angerechnet, dass dasjenige, was die Mystiker, beispielsweise eine Theresia von Avila gelebt haben, großartig war und er es in großen Tönen lobte, er fügte aber hinzu, dass eine Verwechslung der Prinzipien des Geistes mit einer gewissen irdischen Leidenschaftlichkeit vorlag. Es liegt eine Verwechslung in grotesker Weise vor. Er beschreibt Theresia von Avila gerade in dem Sinne, wie diese Frau durch frühere Erfahrungen des Geistes so viel Kraft in ihrer Seele hatte, dass sie die verborgene Leidenschaft durch eiserne Strenge gut kompensieren konnte, dass sie den Widerspruch zwischen Welt, Leidenschaft, Verhaftung und Existentsein, der aufgrund ihres klösterlich-kirchlichen Weges entstanden ist, ausgleichen konnte. Ein gewöhnlicher Mensch könnte diesen Widerspruch nicht ausgleichen. Wenn in einem Schüler nicht schon sehr gute Kräfte angelegt wären, dann würde der Mensch, wenn er sich auf diese Weise im Sinne eines klösterlichen, mystischen Weges an den Geist hinwenden würde, mehr oder weniger der Psychose unterliegen. Er würde krank werden. Der Mensch müsste beispielsweise bei einem Schulungskonzept, wie es Theresia von Avila verfolgt hat, mit der Zeit psychisch einen Mangel erleiden und in einen kranken Zustand verfallen. Dies wäre jedoch gar nicht so sehr der Mangel an weltlichen Kompensationen, sondern vielmehr die Verminderung und das Außer-Achtlassen des gedanklichen, schöpferischen Selbstprozesses.

Eine Aussage wie diese wird heute pauschalisierend als Wertung verstanden, sie sollte aber nur dazu führen, dass die Aufmerksamkeit auf das Wesentliche des Geistes in seiner ihm eigenen und möglichen Dimension gerichtet wird. Eine geistige Schulung in der Hinwendung muss die Seelenkräfte des Denkens, des Fühlens und des Willens in aller Klarheit einschließen. Indem eine wirkliche gedankliche, integrierfähige Auseinandersetzung gepflegt wird, entwickelt sich mit der Zeit nicht mehr eine mystische Versenkung, sondern es entwickelt sich bald ein Zustand, der mit seinem Haupt, mit seiner Mitte und seinen Gliedern immer freier und weit reichender für das ganze Leben ausgerichtet ist.

Dieser freie und weit reichende Zustand kann schließlich zu einer Synthese des Geistes und der Welt beitragen, denn es wird sich die irdische Welt bald in ihrer Möglichkeit offenbaren. Solange eine mystische Welt angebetet oder solange versehentlich mystische Versenkungszustände entstehen, gibt es außerordentliche Schwierigkeiten im Umgang mit der Materie. Der Mensch muss dann vielfach asketische Methoden anwenden und sich eigenartigen Disziplinen widmen, in denen er mehr mit dem irdischen Leben in Kampf, aber nicht in Versöhnung steht. Eine wirkliche Ausrichtung zur Spiritualität versöhnt den Menschen mit der irdischen Welt und versöhnt sogar den Menschen mit den verschiedensten Sinnessphären, die gegeben sind. Eine irdische Welt wird dann ganz natürlich zur Lebenszeit des Menschen eine gewisse heitere Ausdrucksgebung in der Sinnesfreude finden.

Die Art der Hinwendung zu einem Geistigen ist aber außerordentlich wichtig und sie beginnt beispielsweise in jenem genannten Punkt, der die ersten Tage hier vertreten worden ist, in der Art wie beispielsweise eine spirituelle Persönlichkeit im Gegenüber erlebt wird oder wie allgemein das Verhältnis zwischen einem Lehrer und Schüler ausgerichtet ist. Das Verhältnis zwischen Lehrer und Schüler, um es jetzt nicht in allen Details wiederzugeben, sollte so ausgerichtet sein, wie das Rudolf Steiner in dem Büchlein: „Wie erlangt man Erkenntnisse der höheren Welten"[1] beschrieben hat. Es soll ein reales Verhältnis, ein personal geordnetes, klares Verhältnis sein. Es soll nicht ein mystifiziertes Verhältnis sein und auch nicht ein einseitiges, idealisierendes Verhältnis, wie man gewohnt ist, es zu denken und zu schaffen, dass beispielsweise der Lehrer immer als diejenige Persönlichkeit betrachtet wird, die alle erforderlichen Prinzipien des sogenannten Heiligenstatus erfüllt. Ganz häufig nimmt die einseitig mystische, kirchlich-geprägte Vorstellungswelt des Schülers an, dass der Lehrer über allen Ärger, alle Leidensformen, Stimmungen und Konflikte erhaben sein müsste. Zur Provokation muss ein Lehrer gerade das Gegenteil produzieren, damit der Schüler aufmerksam wird, dass es sich nicht um diese so eigentümlichen Heiligenverhältnisse handelt und dass es wirklich allerlei Schwächen bis hin zu widersinnigen Verdrießlichkeiten gibt, die auf die irdische Schwäche des physischen Leibes hinweisen.

Nun kann das Wesentliche des Lehrer-Schüler-Verhältnisses in der Broschüre: „Wie erlangt man Erkenntnisse der höheren Welten?" nachgelesen werden. Es sollte sogar sorgfältigst nachgelesen werden. Es kann beispielsweise aber einmal hinzugefügt werden: Das Wesentliche, auf dem sich dieses Verhältnis gründet, ist die gemeinsame Wahrheitssuche. Der Lehrer sucht nach einer Steigerung der Wahrheitserkenntnisse, während der Schüler nach einer beginnenden oder einfachen Wahrheitserkenntnis sucht. Beide aber suchen unter unterschiedlichen, vorgegebenen Bedingungen die eine und gleiche Wahrheit. Von dem Lehrer wird man annehmen, dass er in seinem Wahrheitssinn bzw. in seiner Erkenntnisentwicklung schon weiter fortgeschritten ist, während man bei dem Schüler davon ausgehen muss, dass er noch nicht über die Einsichten und die Tragweite der geistigen Geschehnisse Bescheid weiß, aber beide sind durch diese Gemeinsamkeit miteinander verbunden, dass sie in ihrer Erkenntnisentwicklung und in ihrer Gesamtheit des Bemühens zu immer größeren Wahrheiten vordringen wollen. Beide sind gewissermaßen Freunde, sie sind Kollegen oder sind in einer Art Arbeitsbündnis miteinander zusammen. Eine Abhängigkeit kann jedenfalls zwischen Lehrer und Schüler nicht eintreten, wenn beide

---

1) Rudolf Steiner, Wie erlangt man Erkenntnisse der höheren Welten, Rudolf Steiner Verlag

nach Wahrheiten suchen. Abhängigkeiten entstehen aber unweigerlich, lassen sich vielleicht nicht vermeiden, wenn diese Wahrheitssuche nicht ausreichend vorhanden ist und wenn sich mystifizierte Verklärungen innerhalb des Begegnungsfeldes entwickeln.

Der Schüler wird für die physische Welt frei und allgemein offener, wenn er dieses Verhältnis in sich einmal sorgfältig prüft und es auf eine Stufe führt, die wirklich im Sinne einer realen und angemessenen geistigen Hinwendung beruht. Es gibt dann wohl keinen sogenannten Guru mehr, denn der Guru verschwindet auf diesem Weg. Der Guru kann, um Missverständnissen vorzubeugen, als Begrifflichkeit natürlich negativ verstanden werden. Er wird in unserer Kulturzeit tendenziell negativ verstanden werden, im Osten wird er nicht negativ verstanden und er soll auch nicht abgewertet werden. Allgemein ist aber der Guru heute eine so eigentümliche Bezeichnung, die mehr oder weniger eine Autoritätsperson beschreibt, die mehr das physische Gewicht auf die Erde bringt und keine geistigen Wahrheitserkenntnisse pflegt.

Wer ist heute eigentlich der typische Inbegriff des Gurus? Es lässt sich kaum in den Mund nehmen, wer der Inbegriff des Gurus ist, aber wenn man einmal diesen Begriff wirklich nimmt und auf die Suche nach dem Guru geht, dann kommt man eigentlich nur zu einem ganz manifesten Berufszweig, wo man den Guru findet und das ist der Pfarrer oder Priester. Der Priester ist zum Guru verurteilt. Warum ist er Guru? Er ist deshalb Guru, weil er in der Alleinbegrifflichkeit der Weihe steht. Nur der Priester, ganz besonders der katholische Priester kann allein die Weihe, das Sakrament Christi verleihen. Ob der Pfarrer nun die christliche Lehre verstanden hat oder nicht, wird wohl keine große Beachtung erhalten. Der Priester kennt wohl die geistigen Welten nach dem Tode nicht und spendet aber dennoch das Sakrament im Namen Christi. Ein Guru erwacht umso mehr, wenn jemand eine Handlung spiritueller Art, sei sie sakraler oder lehrtechnischer Art, nach außen tätig aber nach innen keine Erkenntnis für diese besitzt. Der Pfarrer weiht in die christliche Lehre ein, aber er kennt die hohen spirituellen Welten sowie auch die Seelenwelten nach dem Tode nicht. Das physische Gewicht nimmt die erste Rangordnung ein. Der Pastoralassistent darf keine Weihe geben, er muss die Priesterweihe erfahren haben und dann ist er in der Fähigkeit, das Amt Christi zu vertreten. Wir haben es deshalb in der sakramentalen Kirche mit einem Guru zu tun, dessen geistiges Gewicht wohl keine Rolle spielt.

Diese Form einer Abhängigkeit zwischen Lehrer oder Schüler oder bloßer „guruhafter Gewichtung" kann aber in der geistigen Schulung in

keinster Weise vertreten werden und sie kann auch nicht von einem Lehrer, der über die geistige Welt spricht, vertreten werden. Derjenige, der
über die geistige Welt spricht und sich damit gewissermaßen als Lehrer-
persönlichkeit auszeichnet, der muss die Berechtigung für sein Wissen
dazu erworben haben. Nur soweit er wirklich sein Wissen erworben hat,
soweit er wirklich in die Einsichten fähig ist, kann er diese weitergeben.
Auch jede andere Persönlichkeit, die sich über die geistigen Welten Wissen
erworben hat, kann sich der Mühe hingeben und dieses Wissen wieder
weiter an andere geben. Es gibt auf diesem Gebiet keine Einschränkung,
keine Gebote und Verbote, die der Geist selbst beanstanden müsste. Die
einzigen Gebote, die tatsächlich bestehen, sind diejenigen, dass man sich
nicht falschen Worten hingibt bzw. Irrtümer verkündet und des Weiteren
natürlich, dass man seinen Mitmenschen nicht mit seinem Wissen Schaden
zufügt oder seine Mitmenschen tatsächlich mit Einseitigkeiten überfordert.
Der Mensch muss im Sinne des geistigen Lebens in seine eigene Autorität
und Verantwortung eintreten lernen. Geisteswissen verantwortet sich vor
der geistigen Welt. Es darf eigentlich keine Gruppierung, keine Richtung,
kein Sakrament, keine Kirche, keine ausschließliche Religion, keine Kongre-
gation, keine Observanz geben, die sich anmaßt, sie sei die alleinige Autorität, die Geistigkeit zu lehren. Wie das Feuer sich zum Lichte verhält, so
verhält sich der Lehrer zum Schüler. Aus dem Feuer erwacht die Freude des
Lichtes und dieses bewegt die Freiheit des Gedankens. Das Feuer erschafft
das Licht des frei verfügbaren Gedankens.

Nun kann die nächstfolgende Frage gestellt werden: Wie verhält es sich mit
der Zielsetzung für die seelische Welt? Wie kann die seelische Welt deutlicher in eine brauchbare und zuversichtliche Zielorientierung hineingedacht
werden? Wie wird die irdische Welt durch eine Seelenwelt erweitert? Diese
Seelenwelt ist eine ganz andere Welt als die physische Welt, wie schon die
Tage vorher einmal in einer Ausführung angeführt wurde. Die Seelenwelt
steht gewissermaßen der irdischen Welt umgekehrt gegenüber.

In der Seelenwelt müssen jene Strahlen und Wirkungen berücksichtigt
werden, die von dem Menschen nach außen fließen. Das, was der Mensch
zu seinen Mitmenschen hinübersendet, all dasjenige, was er seinen Mitmenschen wirklichkeitsgemäß an Gefühlen, Taten, Gedanken und an Impulsen entgegenbringt, umschließt gewissermaßen die Seele des Menschen. Es wird der Mensch nicht nach dem irdischen Gewicht, nach den
irdischen Errungenschaften und nach dem, was er an Anerkennung in der
physischen Wirklichkeit erfahren hat, gewertet werden, sondern er wird
nach denjenigen Kräften gewertet, die sich gesammelt haben und daran
bemessen, was er seinen Mitmenschen wirklich entgegengebracht hat.

Die Seele des Menschen ist deshalb nicht das, was sich rückwirkend auf das physische Gebäude zeigt, sondern es ist diejenige Gesamtsumme von allen Gedanken, Gefühlen und Taten, die sich bei den Mitmenschen oder allgemein bei der Umgebung und Natur gesammelt haben. Die Seele ist deshalb nicht nur ein eingeschlossenes Wesen im Leibe, sondern sie ist ein sehr weites, ausgegossenes Wesen. Dieses sich im irdischen Dasein ausströmende Wesen des Menschen sammelt sich nach dem Tode an einem Ort des Kosmos und bildet die zentrale wirkende Krafteinheit der Seele, die sich meist zu einem hohen Grade wieder an die Hinterbliebenen zurückrichtet. Es ist die Seele deshalb eine sehr feine Dimension, die aus dem introvertierten Interaktionsfeld des Menschseins gedeutet werden kann. Nicht reduziert werden darf die Seele auf den Begriff der Psyche, die Seele ist mehr als die Psyche, sie ist das praktische Handlungsinstrument, auf lichtvoller und feinster Basis gegründet für die Moralität des Menschen.

Nun stellt sich die Frage, wie man dieser Seele näherkommen kann und wie man ein gewisses Gefühl entwickeln kann, damit die Seele mehr Berücksichtigung erhält. Zunächst ist es natürlich ausschlaggebend, dass man sich die Frage stellt: Wie geht es denn meinem Mitmenschen, meinem Kollegen, meinem Nachbarn, meinem Nächsten? Wie werden diese mich erleben? Was wird meine Tat oder meine Handlung für meine Mitmenschen bedeuten? Man muss sich Hineinversetzen-Können in die anderen. Jenes Hineinversetzen-Können, jene wichtige Fähigkeit, die allgemein als sogenannte Empathie bezeichnet wird, ist eine bedeutende Seelenqualität.

Jene Fähigkeit, sich wirklich aufmerksam und teilnehmend in den anderen hineinzuversetzen, dass die eigene Empfindung die rechten Gefühle deuten lernt, ist beispielsweise günstig zu entwickeln, wenn sich der Schüler gelegentlich jene Disziplin auferlegt, die Grenzen des persönlichen Daseins zu überschreiten. Wenn der Aspirant lernt, immer wieder Grenzen zu überschreiten, dann gewinnt er auf dieser Grundlage leichter die Fähigkeit zur Empathie. Wenn der Mensch nicht lernt, Grenzen zu überschreiten, wenn er immer rechtzeitig von den Eltern in Schutz genommen wird, wenn er – wie es modern in Familien ist – gut behütet bleibt, verlernt der Mensch noch weiter die Fähigkeit, sich in seine Mitmenschen wirklichkeitsgemäß hineinzuversetzen.

Die Fähigkeit, Grenzen zu überschreiten, kann sich aber der Einzelne bei verschiedenen Gelegenheiten auferlegen. Nicht unvernünftig soll dieser Begriff nun verstanden werden, wenn man ihn hier auf diese Weise dispergiert. Ein Grenzüberschreiten kann nicht sein, dass man ein Lebensrisiko eingeht oder dass man waghalsig Existenzen auf das Spiel setzt, was einen unermesslichen Schaden für die spätere Zeit bringen könnte, ein Grenzüberschreiten ist vielmehr einmal im Sinne von gewisser Ausdauer zu sehen und praktisch in Form von Kommunikation oder in Form von menschlichen Begegnungen zu entwickeln. Es kann also das Grenzüberschreiten ganz gezielt geplant werden, auch praktisch in den Bereichen des Daseins durch ganz bestimmte Vorsätze eine übende Anwendung finden. Es kann sich beispielsweise jemand vornehmen, dass er mit einer Sache nicht eher aufgibt, als bis er sie zufrieden zu Ende geführt hat. Selbst wenn hundert Kräfte als Widerstände entgegen sprechen, solange noch das Bewusstsein für die Wahrheit der Sache existiert, so lange kann jene Bemühung erfolgen, natürlich in vernünftiger Hinsicht, die Sache zu einem gebührenden Abschluss zu führen.

Auch im Sinne mancher kleiner Vorsätze kann das Grenzüberschreiten praktiziert werden, sogar in dem Sinn, dass sich der Einzelne eine kleine Tat auferlegt, die er für eine gewisse Zeit durchhält. Er kann sich die Vorstellung vornehmen, er hält als eine *āsana*-Übung, als eine Körperübung, die Schiefe Ebene, *pūrvottānāsana*, drei Minuten lang in guter Spannkraft. Er nimmt sich ganz gezielt einmal dieses kleine Grenzüberschreiten für diese Zeitphase vor. Ein Schaden kann normalerweise nicht entstehen. Indem aber auf diese Weise das Grenzüberschreiten entwickelt wird, es soll das nur eine kleine Begleitübung sein, nicht eine Hauptübung, aber indem auf diese Weise einmal eine Übung geübt wird, bemerkt der Einzelne, dass er die Aufmerksamkeit mehr auf seine Willens- und Entschlussfähigkeit lenkt und nicht nur auf die physischen Bedingungen. Die physischen Bedingungen signalisieren nach kurzer Zeit die Unbequemlichkeiten. Die mentale Kraft kann aber in der Entschlossenheit und Wachheit bleiben, so dass das Durchhaltevermögen schließlich durch mentalen Vorsatz bewahrt bleibt und ein gewisser Teil des Körpers überschritten wird. Recht zugängliche, gut nachvollziehbare Übungen können gerade die spannkräftigen *āsana* sein.

Es gibt vielfach im Leben Gelegenheiten, wo ein Grenzüberschreiten sinnvoll ist und wo dieses Grenzüberschreiten schließlich zur seelischen Nähe führen kann. Ganz besonders kann das Grenzüberschreiten auch dann erfolgen, wenn Emotionen bestehen. Emotionen offenbaren in der Regel nicht gerade die brauchbarsten Wesenheiten für eine gesunde Entwicklung. Seien die Emotionen einmal sehr impulsiv oder sehr positiver Art oder seien die Emotionen von sehr negativer Art, wenn sie zu Lebensgewohnheiten werden, so wirken sie wohl immer einhüllend und schwächend. Die gewohnheitsbedingten Emotionen geben nicht wirklich die gesundheitsfördernden Voraussetzungen für den Menschen. Das Grenzüberschreiten kann gerade darin geübt werden, indem ganz gezielt der

Vorsatz genommen wird, dass, wenn der schlimmste Streit im Miteinander zwischen zwei Personen oder zwischen einer bestimmten Parteiung erfolgt, dann eine ganz andere Intention mit besten und unabhängigen Vorsätzen in die vordergründige Diskussion gelangt, so dass nicht das Einsteigen, das Einlassen auf die Emotionen der Maßstab der Diskussion wird, sondern dass ein Gedanke innerhalb den schlimmsten Emotionen nun in die bewusste aufmerksame Mitte rückt. Ein Grenzüberschreiten ist gerade in diesen meist alltäglichen Situationen vielleicht am schwierigsten zu erringen, aber am wirksamsten.

Wenn jene mentalen Entscheidungen oder gedanklichen Vorsätze erfolgen, so kann der praktische Punkt mit einem ästhetischen oder moralischen Anspruch verbunden werden. Das seelische Ziel des Daseins kann durch ein Grenzüberschreiten gefördert werden. Das Leben kann in jedem Augenblick ein kleines Wort der aufrichtigen Verschönerung erhalten. Das Licht liebt die Seele und dieses erhebt sich über die irdische Natur. Es überschreitet immerwährend die Grenzen des physischen Daseins. So überschreitet die Schönheit des Gedankens die leibgebundene Passion und erfreut sich seiner selbst. Das seelische Wachstum ist deshalb im Allgemeinen dahingehend zu fördern, indem mehr gedankliche Aufmerksamkeit auf die Mitmenschen erfolgt und die Fähigkeit des Einfühlens, des Beachtens und des Wahrnehmens zum anderen geschult wird. Die Aufmerksamkeit im menschlichen Leben führt zu der naturgegebenen religiösen Frage: Wie wirken meine Taten auf die Mitmenschen? Wie wirken meine Handlungen, meine Worte, meine gesamten Impulse auf diese? Indem auf diese Weise eine Selbstkontrolle erfolgt, schult sich der Einzelne viel deutlicher zu einem Bewusstsein des Verbundenseins miteinander und gleichzeitig auch des vermehrten Wahrnehmens, dass eine seelische Wirksamkeit im Dasein immer gegenwärtig ist.

Das schwierigste Ziel ist aber das geistige. Die Formulierung eines geistigen Zieles ist deshalb so schwierig, weil in der Regel der Mensch die geistigen Welten als die Verborgensten, als die Unzugänglichsten fühlt. Es ist die geistige Welt gewissermaßen wirklich so viel wie die dunkle Nacht, in der das ganze Bewusstsein in den Schlaf versunken ist. Die geistige Welt ist nicht die Welt, die dem Intellekt oder Gemüt einsichtig und gegenwärtig wäre, sondern die geistige Welt ist zunächst einmal nur eine Idee. Durch klare Auseinandersetzung wird mit der Zeit deutlicher erkannt, dass diese geistige Welt vorhanden sein muss und dass sie sogar viel nähersteht als das Allernäheste, das es im Leben gibt. Dennoch bleibt aber zunächst einmal die geistige Welt eine reine Idee. Solange der Mensch nicht auf eine hohe Stufe des Hellsichtigseins, auf eine intuitive oder inspirative Stufe des Hellsichtigseins angekommen ist, kann er eigentlich die geistige Welt nicht einsehen. Vielleicht kann er gewisse Elementargeister schon einmal wahrnehmen, aber die geistige Welt in ihrer schöpferischen Vielfalt, in ihrer aus sich selbst schaffenden Dimension ist wirklich eine sehr verborgene Wirklichkeit des Daseins.

Diese geistige Welt wahrzunehmen ist nur in annähernden und sehr ausdauernden Schritten möglich. Dennoch aber sollen auch geistige Ziele erfolgen. Geistige Ziele entstehen beispielsweise besonders dahingehend, indem man sich den geistigen Wahrheiten intensiv widmet und diese geistigen Wahrheiten zu seinen Lebensgewohnheiten und zu seiner festen Wirklichkeit machen möchte. Die Hinwendung zur geistigen Welt sollte nicht ohne Gedanken stattfinden, sondern ganz besonders sogar mit intensiven, klar und konkret geformten Gedanken. Indem die Hinwendung zur geistigen Welt erfolgt, das heißt zu Schriften, die über die geistige Welt sprechen und zu den Offenbarungen, also Bildern oder bestimmten Ausdrucksformen, die an Geistiges erinnern, kann mit der Zeit die Idee praktisch übernommen werden und eine kräftigere Willensorientierung für eine Umsetzung wichtiger Gedanken in die Geburt eintreten. Das Lesen in geistigen Schriften ist wohl die einfachste Form, die als Erstes zu nennen ist. Wie lässt sich aber für den Einzelnen innerhalb eines Zielkonzeptes tatsächlich diese geistige Welt aufnehmen? Der Einzelne, der auf dem geistigen Schulungsweg strebt, möchte auch mit seinem Geiste, mit seinem schöpferischen Sinn auf seine Mitmenschen ausstrahlen. Es ist deshalb nicht nur die Bemühung, sich an die geistige Welt und ihre Expressionen hinzuwenden, sondern es ist ganz besonders erstrebenswert, Taten und Aktionen zu vollbringen, die eine spirituelle Ehre darbringen. Wie kann jene spirituelle Ehre erwachen?

Zunächst einmal kann das Bild über die Wirksamkeit aller Gedanken, Gefühle und Handlungen aufgebaut werden. Es muss sich der Einzelne tatsächlich dieser Tatsache bewusst werden, dass alles das, was er denkt, fühlt, in Worte kleidet und in Taten umsetzt, immer eine Wirkung auf die Umgebung und auf alle Welten hat, sowohl auf die Körperwelt, auf die Seelenwelt als auch auf die schöpferisch-geistige Wirklichkeit. Diese Welten werden immer eine Ausströmung von dem Menschen erfahren. Nun darf sich der Einzelne aber nicht demjenigen hingeben und sagen: Wenn das so ist, dann denke ich möglichst wenig, werde nun möglichst wenig meinen Mund öffnen und werde mich auch möglichst passiv verhalten, so dass meine Taten die bestmögliche Reduzierung erhalten, damit ich dann, wenn ich einmal in das geistige Leben eintrete, nicht zu viele Fehler begangen habe und ich vielleicht etwas günstiger in meinem Dasein abschneiden kann.

Wenn man also diesen Fehler des Rückzuges aus der Produktivität der Seele macht, dann wird man genauso gut sagen können: In meinem Berufsleben gibt es manchmal Stressfaktoren und ich werde öfter getadelt. Es kann beispielsweise der Koch sagen: Wenn ich immer für das Essen, das ich koche, getadelt werde, dann mache ich es besser so, dass ich den leeren Teller serviere und wenn dann die leeren Teller am Tisch stehen, dann kann sich wenigstens niemand über das Essen beklagen. Diese ironische Geste wäre übertragen gesehen der entsprechende Vergleich. Die Seelenkräfte wollen nämlich trainiert werden und die Ehre des Geistes will mit all seinen würdigen Äußerungen eintreten.

Diese Ausrichtung zur geistigen Welt ist gleichzeitig mit dem Wunsche verbunden, möglichst viel zu erbauen und zu schaffen. Die geistige Welt definiert sich auf dieser Grundlage, dass nicht durch die Hilfe von Dritten eine Tat umgesetzt wird, nicht durch die Energiezufuhr von außen eine Möglichkeit des Dienens entsteht, sondern dass gewissermaßen aus dem Nichts heraus, aus dem Bewusstsein des entsagten Daseins, der Leere, eine Leistung in die Welt gebracht wird. Es ist diese Bedingung so schwer vorstellbar, wie diese Leistung aus einem gewissen Nichts aussieht. Sie wurde schon in einer der ersteren Ausführungen beschrieben. Diese Leistung ist so schwer vorstellbar, denn wenn jemand jetzt sagen würde: „Gib mir fünf Äpfel", dann würde er sagen: „Nein es tut mir leid, ich war nicht beim Einkaufen, ich habe keine fünf Äpfel." Daraufhin würde der andere vielleicht sagen: „Das macht nichts, wir sind geistige Bürger, du kannst die fünf Äpfel erschaffen, du brauchst nicht zum Einkaufen gehen." Der schaffende Bürger ist aber nicht ein einkaufender Bürger, er ist jener, der die Bedingungen, Umstände und Qualitäten erschafft.

Diese beschriebene Tatsache öffnet eine außergewöhnliche Vorstellung, die jedoch gewissermaßen auf die geistige Welt zutrifft. Wenn der Mensch nun nichts besitzt, dann wäre er in der besten Fähigkeit angekommen, geistig etwas zu geben. Solange er aber an die Macht eines Besitztums und an die physische Welt glaubt, blockiert er seine wirkliche schöpferische Umsetzung. Solange er also im Glauben an die Materie gegründet ist, kann er die Ordnung oder die wahre Umsetzung und die freudige, lichte Erneuerung der Materie nicht leisten.

Im einfach gefassten, geistigen Werdeprozess ist auch die Yoga-*āsana* zu verstehen. Sie soll nicht dazu dienen, dass sich der Mensch erbaut und irgendwann von außen zum Äußeren etwas geben kann, sondern die *āsana* soll bereits das Opfer, das *yajña*, die Gabe, die Offenbarung des Geistes selbst sein. Die *āsana* ist die Ausdrucksgebung des unmittelbar errungenen Bewusstseins des Gebens.

Wie dieser Weg ausgerichtet ist, wurde aufgezeigt. Es müssen die Gedanken und die Gefühle dazu regsam aufgebaut werden. Solange die Übung nur an den Körper gebunden wird und über den Körper versucht wird, eine Energie bereitzustellen, die dann wieder seelisch verwertet werden könnte oder in der seelischen Verwertung erhofft werden würde, ist es so, dass tatsächlich die eigentliche schöpferische Fähigkeit blockiert ist. Das wirklich schaffende Prinzip muss aus dem Menschen und aus seiner Unmittelbarkeit, aus seiner Gegenwärtigkeit und mutigen Lage selbst geschehen.

Hierzu gibt es wieder eine kleine Hilfe. Es ist eine kleine Hilfe für das Zielkonzept, wenn all jene Punkte einmal kritisch betrachtet werden, die sich nicht in einer ordentlichen und ganzen Zustimmung befinden. Es gibt ganz häufig Formen im Leben, die aufgrund des äußeren Schicksals, aufgrund von Ängsten und unannehmlichen Bedingungen mit großer Reserviertheit entgegengenommen werden. Indem der Mensch aber zu einer Sache nicht ganz Ja sagt, indem er sich nicht auf bestimmte Gegebenheiten ganz einlassen kann, wird er sehr empfänglich für negative Einflüsse. Ab jenem Moment, ab dem sich jemand ganz auf eine Sache einlassen kann, wird er automatisch eine größere Schutzkraft für sich selbst erbauen.

Das klassische Beispiel ist es, dass man verschiedene Partnerschaften nur halbherzig pflegt und sich niemals ganz einlassen kann. Indem man verschiedene Pole pflegt und sich nicht ganz klar einmal auf eine Sache oder einige Inhalte ausrichtet, ist es so, dass man glaubt, besser durch das Leben zu kommen. Die Schöpferkraft blockiert sich aber gerade mit diesen mangelhaften Entscheidungen. Es ist wichtig im Leben, natürlich wohl überlegt, sich auf bestimmte Inhalte, Ziele und Vorstellungen einzulassen. Indem einmal ein ganzes Ja-Wort errungen wird für das Dasein, ändern sich die Bedingungen und eine schöpferische Umsetzung wird möglich.

Häufig bestehen Ängste vor diesem ganzen Ja-Wort. Das ganze Ja-Wort wirkt aber befreiend, ein halbes Ja-Wort wirkt immer spannungsgeladen und bringt in der Regel allerlei Miseren mit sich. Es können deshalb für ein Zielkonzept all jene Punkte in die Aufmerksamkeit genommen werden, die eigentlich kompensatorische Punkte für das Leben sind oder die ganz deutlich sogenannten Halbwahrheiten entsprechen. All jene Bereiche müssten einmal deutlich betrachtet werden, ob sie wirklich tauglich für das Leben oder ob sie untauglich sind. Es muss ein Einlassen in bestimmte Lebensgebiete gegeben sein und auf der anderen Seite muss auch einmal ein Verneinen gegenüber Halbheiten oder gegenüber solchen Bereichen eintreten, die nur aus kompensatorischer Notwendigkeit weitergetragen werden. Das gesamte Dasein kann jedenfalls eine bessere Substanzerkraftung erhalten und es kann der Geist schöpferisch mehr entwickelt werden, wenn eine ganze Zustimmung erfolgt.

Im Sinne der geistigen Schulung ist es ein leidlicher Punkt, denn wenn man sich heute auf etwas als Erstes einlassen muss, dann wäre dies eine geistige Verwirklichung, ein geistiger Weg. Auf diesen müsste man sich um des Erfolges willen ganz einlassen, damit eine wirkliche schöpferische Umsetzung geschehen kann. Ganz einlassen kann sich natürlich eine Person nicht, die erst ein halbes oder ein Jahr hier ist, aber nach einiger Zeit entwickelt sich die Notwendigkeit, eine Konsequenz im Leben zu vollbringen und sich ganz auf eine geistige Wahrheit einzulassen. Das Einlassen auf eine geistige Wahrheit stellt schließlich eine Befreiung der Schöpferkräfte dar und bewirkt auch eine Befreiung im Hinblick zu den irdischen Welten. Jene Wesen, die den Menschen plagen, die mit den Zweifeln zu benennen sind, beispielsweise das wankelmütige, unsichere Hin- und Herpendeln zwischen zwei Polen und das unsichere Erwägen von Entscheidungen ist gerade deshalb quälend wirksam, weil man dem Geiste nicht die nötige Zustimmung gibt.

Das wirkliche Einlassen auf einen geistigen Weg sollte zumindestens ein klares Ziel werden. Sollte es zu gegebener Stunde nicht möglich sein – es kann von außen auch nicht auferlegt werden – so wäre es ein Zielpunkt für die Zukunft, dass ein geistiger Weg nicht nur ein Experiment ist, das man vorübergehend beginnt, sondern dass tatsächlich klare Gedanken zu den Idealen zu einem unumstößlichen Ziel werden. Wie soll der Mensch, ganz logisch nach den Prinzipien der Vernunft gedacht, schöpferisch werden, wenn er sich nicht ganz auf eine geistige Wirklichkeit einlassen kann? Wie soll er schöpferisch auf andere Menschen wirken können? Wie soll er jenes Prinzip umsetzen lernen, das gewissermaßen darin besteht, dass er das erzeugt, was noch gar nicht existent ist, das er noch gar nicht als Energiereserve besitzt? Wie soll er etwas umsetzen, wenn er sich nicht ganz in die Zustimmung einer geistigen Wirklichkeit einlässt?

Der Mensch muss zu den Prinzipien des Geistes Ja sagen lernen. Von außen kann deshalb diese Neigung nicht auferlegt oder durch Überlegung gefördert werden, weil der Mensch nur dasjenige tun kann und sich darauf einlassen kann, was er kennt bzw. was er ausreichend als ideale Wirklichkeit wahrgenommen hat. Nun kann sich tatsächlich der Einzelne nicht unbedingt von einem Tag auf den nächsten auf einen geistigen Weg einlassen, wenn er ihn nicht wirklich ausreichend studiert hat. Die Kenntnisnahme und die Voraussetzung einer gewissen Grundkonsolidierung sind ein erster Schritt auf dem Weg. Mit der Zeit aber ist es wichtig, dass man immer ein ganzes Ja sagen lernen muss.

Das wirkliche Einlassen und das Ergreifen der möglichen Umstände bringt plötzlich eine kausale Situationsveränderung. Ein richtiges Einlassen auf den geistigen Schulungsweg ist der größte Schutz, den der Mensch entwickeln kann.

Das Zielkonzept, das sich in physische Bedingungen, seelische Fähigkeiten und schließlich in geistige, schaffende Motive erbaut, ist eine Möglichkeit, das Leben in eine nächste Bereicherung zu führen. Die Bereicherung entsteht durch den Menschen selbst. Sie wird durch die Aktivität der Seelenkräfte herbeigeführt. Das Denken, das Fühlen und der Wille werden anhand des Zielkonzeptes, verbunden mit geistigen Erkenntnisprozessen richtiggehend erhoben. Die Weiterentwicklung dieses Zielkonzeptes kann Jahr für Jahr geschehen. Ein Zielkonzept beschreibt die erste und grundlegende schöpferische Orientierung für die Zukunft.

Die Erschaffung von lebendigen Bildern durch praktische Fragestellungen

2. Vortrag vom 29. 12. 2007

Es ist für die Individuation sinnvoll, wenn die Aufmerksamkeit für die nächsten Stunden und eventuell die nächsten beiden Tage von verschiedenen Fragestellungen gelenkt wird. Der Aktivschritt sollte nicht von mir erbracht werden, eine besondere Überzeugungskraft aufzubringen, dass es eine Seelenwelt und eine geistige Welt gibt und dass diese einmal authentisch erkannt werden müssen. Es ist der Lernschritt derjenige, dass jene Gedanken, Gefühle und Impulse in Euch erweckt werden, die dazu führen, dass ein geeigneter Aufstieg von bisherigen zu nächsthöheren Stufen möglich ist und die Seele und der Geist die führenden Instanzen im Dasein werden. Nicht nur das bisherige Potential, das angelegt ist, sollte in eine Art Verwirklichung kommen, sondern es sollten wirklich exakte, mögliche Dimensionen des Geistes herabgeführt oder in das Leben hereingeführt werden und diese dann schließlich zum Ausdruck kommen.

Wenn nur von mir einmal die Ausführungen stattfinden und keine wirkliche Mitarbeit von euren Herzen und Impulsen geschieht, dann kann natürlich niemals der individuelle Reifeprozess mit seinem wachsenden Bewusstsein in eine brauchbare Integration einmünden. Es muss deshalb gerade das Kunststück vollbracht werden, dass ein einheitliches Verständnis eintritt und der einzelne Gedanke, der von mir ausgesprochen wird, genau in eine individuelle, neue Ordnung und Umsetzung kommt. Die Gedanken können natürlich während des Kurses in die Notizbücher aufgenommen werden, sie können zum soundso vielten Male gut niedergeschrieben werden und können mit der Zeit vielleicht ein kleines Fähnchen erhalten, so dass man ein nettes Paketchen mit nach Hause nimmt. Die wesentliche Aktionskraft wird aber irgendwann einmal doch vor der Seele stehen und das ist diejenige: Was machen wir mit den gehörten und für wahr empfundenen Gedanken? Wie fügen wir sie in das Leben ein? Wie ergreifen wir sie für die Wirklichkeit? Wie formen wir sie zu einem eigenen Seelengut, das wiederum zum Heil des Kosmos und der Mitmenschen beitragen kann? Diese Umsetzung einer Synthese ist außerordentlich feinsinnig und damit an eine gewisse Geduld und Disziplin gebunden.

Einige Fragestellungen können eventuell das Zielkonzept bzw. die gesamte Vorstellungstätigkeit für die Zukunft erleichtern. Es können Fra-

gestellungen entstehen, die die Seele zum Interessensgebiet des nachtodlichen Lebens bewegen und es können die Fragen auch weiter reichen,
so dass die geistige, innere Bedeutung als wesentlichster und wichtigster
Umstand integriert wird. Die folgenden Fragen können beispielsweise
auf das praktische Leben angewandt werden:

Man stelle sich einmal vor, man versucht jemanden auf eine Weise zu
überzeugen, dass er eine bestimmte Wahrheit annehmen soll. Die Überzeugungskraft und Missionstätigkeit im Sinne von Belehrungen religiöser
Art ist eine sehr häufige Erscheinung, die im Leben nicht selten vorzufinden ist.

Es gibt offensichtliche Bewegungen, wo jemand wirklich überzeugt werden
soll, damit er in die vorgegebene Wahrheit eintritt und es gibt auch allerlei
sehr psychologische, sehr still abgestimmte Versuche, den anderen zu einer
bestimmten geistigen oder zumindestens zu einer bestimmten, scheinbar
wichtigen Wahrheit zu bewegen. Sowohl das innere wie das äußere Missionieren ist eine sehr unangebrachte Methode, Beziehung aufzunehmen und
es ist des Weiteren auch eine schlechte Methode, eine unbrauchbare Art und
Weise des Miteinander-in-Beziehung-Tretens. Es kann einmal die Frage gestellt werden: Wie verhält es sich, wenn sich jemand in diesen Versuchen der
Missionierung bewegt? Wie verhält es sich im Sinne der irdischen Welt? Wie
verhält sich die missionarische Gemütshaltung weiterhin auf die nachtodliche Welt, auf die Seelenwelt, auf die Verstorbenen? Es kann schließlich als
letzte Frage vorsichtig der Versuch genommen werden und die Betrachtung
dahin ausgerichtet werden: Wie verhält es sich für die reine geistige Welt, für
die schöpferische Welt, für *brahman*, für die Wirklichkeit des so genannten
Absoluten?

Indem diese Fragestellung für einen spirituellen Zusammenhang entwickelt wird, wird jene Tatsache des Schulungsweges, der ein kreativer ist,
recht deutlich. Es darf diese Fragestellung nicht nur schnellfertig gestellt
werden im Sinne einer versuchsweisen Annäherung zur Antwort, sondern
es muss zunächst einmal eine Vorstellungstätigkeit von geeigneter Art in
die Entwicklung geführt werden. Diese Vorstellung, die nun kreiert werden muss, ist ganz besonders dahingehend ausgerichtet, dass man jene
Situation lebendig in sich oder allgemein in der Wirklichkeit der Gedanken heranbilden muss, die geeignet ist, die wesensgetreue Wirklichkeit
anzuschauen. Man muss ein Bild erschaffen, ein Bild konstruieren, das
sich vielleicht an Tatsachen anlehnt, an Tatsachen, die wirklich stattge-
funden haben und den besagten Zustand beschreiben. Das Bild der Missionierung muss beispielsweise noch einmal lebendig aufgebaut werden,

lebendig im Inneren erzeugt werden, so dass über die Vorstellungstätigkeit ein gewisses Gefühl entsteht, wie eine derartige Handlung sich in der
ausstrahlenden Wahrnehmung anfühlt und wie sich dieses Bild tatsächlich in der Wirkung verströmen kann.

Diese schaffende Tätigkeit zu einem Bild ist vielleicht etwas Ungewöhn-
liches, denn es erfordert einerseits die lebendige Anteilnahme an der Fragestellung, andererseits aber auch ganz besonders noch einmal das Nach-
konstruieren der Situation, vielleicht sogar das übersteigerte Konstruieren,
das noch ins Typische hineingesteigerte Schaffen des Bildes, so dass gerade
jene Elemente, die mit dem Missionieren zu tun haben, auf ganz besondere
Weise in die offensichtliche Betrachtung geraten.

Indem der Einzelne ein Bild erschafft, das zur Orientierung und zur weiteren Fragebeantwortung dient, gewinnt er bereits eine individuelle, getra-
gene Stimmung gegenüber der Gesamtheit des In-Beziehung-Tretens zu den
nächsten Welten. Er wird schon einmal leichter das individuell und eigenständig erzeugte Bild mit der irdischen Welt vergleichen können. Wie wirkt
nun das Bild auf die Mitmenschen? Er wird ab jenem Moment des Schaffens
einen leichteren oder deutlicheren Eindruck bekommen, wie es wirklich in
der Sympathie der nachtodlichen Welt wirkt, das heißt wie es für Verstor-
bene sein wird und er wird durchaus erleben können, wie sich das Wesen
des Geistes, das schaffende Prinzip, die Schöpferkraft selbst verhält, wenn
ein Bild in dem genannten Sinne aufgebaut wird. Eine Fragestellung wie diese kann deshalb einmal zur Anregung dienen, um ein Gefühl heranzubilden,
wie eine Tat oder ein Ereignis im irdischen Dasein weiterwirken kann, wie
es auf die nächsthöheren Welten wirkt.

An den ersten Tagen, dem 24. und 25. Dezember, hatte ich darüber gesprochen, dass es wichtig ist, wieder zu einem geistigen Weihnachten zu
gelangen und dass es vor allen Dingen auch für unsere Zeit und Entwicklung außerordentlich wichtig ist, dass nicht nur ein äußeres soziales
Leben als der moralische Maßstab gilt, sondern auch, dass das spirituelle innere Empfinden in die Rauhnächte ausströmen sollte. Es müssen
die Fragen deshalb dahingehend ausgerichtet werden: Wie wirken die
eigenen Taten bzw. wie wirken allgemein Taten, wie wirken die Gedanken, die Worte auf die seelische und auf die geistige Welt? Diese Fragestellung muss gewissermaßen von dem Geistig-Suchenden errungen
werden. Wenn man sich dieser Fragestellung nicht hingibt, versäumt
man einen Teil der praktischen Möglichkeiten, die tatsächlich zur Kon-
trolle und zum Aufbau der Seelenentwicklung in der Synthese gegeben
sind.

Es ist immer günstig, wenn am Abend in einer ruhigen Rückbesinnung gewisse Wirkungen des Tages noch einmal lebendig nachkonstruiert werden, das wäre die Rückschau des Tages. Zu dieser Rückschau kann weiterhin ein vorsichtiges Erwägen erfolgen: Wie werden denn diese Taten, wie werden diese Ereignisse, die sich im Laufe der Stunden ergeben haben, tatsächlich auf die geistige oder auf die seelische Welt eine Wirkung vollbringen? Werden sie zum Aufbau dieser Welten führen oder werden sie zum Verdruss, zum Entsetzen dieser Welten beitragen?

Es können die glücklichen Taten, die in der irdischen Welt eingetreten sind, für die geistige Welt einen Substanzaufbau geben, es können die unglücklichen Taten aber auch eine öde Leere erzeugen, so dass das negative *karma*, die Lasten, die zu tragen sind, noch größer werden. Man kann sich vorstellen, dass gewisse Taten, die der Mensch macht, tatsächlich einen aufatmenden Charakter im Kosmos besitzen und andere Taten wieder einen zusätzlich erstickenden Moment verursachen. Es ist nicht die Absicht und es sollte dieses Referat auf keinen Fall in diesem Sinn verstanden werden, dass mit dieser Fragestellung nun ein gewisser moralischer Druck auf den Einzelnen ausgeübt wird und der Einzelne dadurch denkt: Um Gottes willen, wenn einmal die Todespforte kommt, dann kommt dieses sogenannte Fegefeuer! Nicht um Strafe oder Vergeltung handelt es sich bei Eintritt in die seelischen und geistigen Welten, sondern um wahre und weisheitsvolle Gesetze, die dem Menschen unmittelbar nahe sind.

Der Vergleich zu der kirchlichen Lehre des Fegefeuers ist nun etwas einfach genommen, es lässt sich aber durchaus feststellen, dass man etwa zu der resignierenden Grundstimmung kommen könnte, wenn es sich immer um Angst vor den geistigen Welten handelt und diese Angst beispielsweise durch moralische Situationen angefeuert wird, durch moralisierende Predigten und Lehren verstärkt wird, dass gerade dann der Mensch etwa in diese Situation kommt, sich probehalber zu prüfen, aber nicht, um wirklich einmal Wissen um die Sache zu gewinnen, sondern wieder nur um des physischen Sinnes willen, am physischen Sinne praktisch haften bleibt und sich somit sogleich sagt: Wenn das so ist, dann hat es ohnehin keinen Sinn und er verfällt dem direkten Nihilismus, er fällt mit seiner Handlung in die passive Selbstaufgabe, in der er die Seele gar nicht mehr bewegt und zielorientierend ausrichtet.

Das Ziel einer geistigen Schulung ist es, die Kräfte in der Seele tatsächlich von innen heraus zu stärken und ein bewusstes, feinsinniges Selbstbewusstsein innerhalb allen bewegten und existentiellen Bedingungen zu erzeugen. Das Selbstbewusstsein richtet sich nach jener innersten Tiefe aus, dass es nach jener Erfüllung strebt, die tatsächlich doch von innen nach außen drängt. Es will mit der Zeit ein Selbstbewusstsein mit einem ästhetischen und moralisch wahren Ehrgefühl in allen Taten erwachen. Dieses Selbstbewusstsein beschreibt nicht einen äußeren Gemütszustand, der mit der äußeren Moralität berührt werden könnte, sondern es ist eine aufsteigende Bewegung, die tatsächlich dann berührt wird, wenn die rechte Wärme, Liebeskraft und das Feuer in der Seele zu brennen beginnt. Dieses Feuer, das in der Seele zu brennen beginnen müsste, ist so, dass es gerade durch die Angaben, die über die geistige Welt gemacht werden können, möglichst lebendig und möglichst kraftvoll werden kann. Eine Fragestellung wie diese soll eine Anregung geben, einmal darüber nachzudenken, wie sich diese verschiedenen Welten zueinander verhalten und wie das gesamte Dasein tatsächlich über einer geistigen Sonne erlebbar sein kann.

Als ein zweites Beispiel kann eine andere weitere Fragestellung aufgebaut werden. Die Missionierung ist nicht ein positives Phänomen, sondern ein negatives. Es ist mit dieser Andeutung schon die erste allgemeine Antwort mitgegeben. Es werden die Seelenwelten und die geistigen Welten wohl nicht gerade erfreut auf die Missionstätigkeit reagieren. Wie sie aber wirklich reagieren, wie sie sich im Zusammenhang der verschiedenen Welten und der Kräftewirkungen, die entstanden sind, genauer ausdrücken, das soll durchaus einmal bis morgen als Aufgabe gelten.

Eine positive oder eine positiv zu erhoffende Aufgabenstellung kann einmal auch ganz anders ausgerichtet sein. Es ist uns allen wohl ziemlich bekannt, wie eine Yoga-*āsana* wirkt und wie sie hier in diesem Rahmen der Schule interpretiert wird. Eine *āsana*, eine Körperübung, ist eine Übung, die verschiedene Ebenen des Daseins bereichern kann. Die Körperübung ist einmal sehr offensichtlich dem körperlichen Umstand gewidmet. Sie kann aber darüber hinaus eine besondere Art der Seelenübung darstellen und des Weiteren eine geistige Entwicklungsdimension fördern. In diesem Gesamtrahmen der Praxis, wie sie hier gepflegt wird, erscheinen die Körperübungen nicht als reine Energieübungen und auch nicht als Übungen, die nur einmal für die körperliche Aufbautätigkeit ausgerichtet sind. Es erscheinen die Übungen in jenem Lichte, dass ein schöpferischer, künstlerischer Impuls zugrunde gelegt wird und dass sich bestimmte Ausdrucksformen, das heißt Gedanken- und Empfindungsformen, durch die Übung offenbaren. Nicht das Ergebnis vom Körper zur Seele und dann zum Geiste bewegt als Motivkraft und in einem Energiefluss die einzelne Persönlichkeit, sondern mehr die Möglichkeit, wie in den Körper bestimmte Gedanken und Empfindungen vom Geiste aus in den Ausdruck zu bringen sind.

Wie können geeignete Gedanken mit der Körperlichkeit bzw. mit der Gesamtdynamik der Ausführung in eine logische und konkrete Einheit kommen?

Es kann nun wieder ein Bild geschaffen werden, sei es in der Praxis mit der unmittelbar getätigten Ausführung oder sei es nur einmal in mentaler Form. Es kann ein Bild der Übung beliebiger Art genommen werden und die Fragestellung zu diesem erfolgen: Wie verhält sich diese Übung für die ästhetische, für die schöne Seite des irdischen Lebens? Des Weiteren fügt man die Frage an: Wie werden die Toten auf das Bild reagieren? Wie werden die Toten, die immer an der Sphäre mitbeteiligt sind, die nie fern sind von dem irdischen Geschehen, dieses Bild aufnehmen? Wie werden sie sich erfreuen oder wie werden sie daran Anteil nehmen? Wie wird schließlich als letzter Teil der Fragestellung der gesamte Weg der Praxis oder speziell die Art der Übungsweise auf die schöpferische, auf die geistige Welt wirken?

In diesem Zusammenhang der Fragestellung ist es immer notwendig, die Vergegenwärtigung eines Bildes dahingehend zu konstruieren, dass die Übung selbst mental und vollständig in eine ganz bewusste Gegenwärtigkeit kommt. Das Bild tritt in die Realität ein. Es ist deshalb ein gewisser mentaler, schaffender Impuls notwendig, der mehr darstellt als eine einfache Imitation. Von diesem schaffenden Impuls ausgehend kann schließlich wieder leichter empfunden werden, wie sich dieser wahrhaftig entstandene Wert zu den einzelnen Welten verhält. Diese Art Übungsweise bietet eine sehr profunde Möglichkeit, eine tiefe Empfindungskraft in der Seele anzuregen, die zu einem geistigen Wahrnehmen, geistigen Hellsichtigsein beiträgt. Das Erschaffen des Bildes ist ein Teil der Ich-Tätigkeit. Das Ich muss, indem es diese Gedanken und Bilder erschafft, lebendig zu einem Wesen Beziehung aufnehmen. Es muss gewissermaßen in sich jene Formkraft erzeugen, die schließlich einen wahren Gegenstand oder Umstand kreiert, der normalerweise gar nicht ausreichend in dieser Unmittelbarkeit vorhanden wäre.

Es könnte nun jemand sagen oder fragen: Ist es denn nicht genügend, wenn wir ein Ereignis sehen, eine Sache einmal durch die Sinne zur Beobachtung nehmen und dann sogleich einmal die Frage stellen: Wie verhält sich dieses Ereignis in seiner geistigen Bedeutung? Müssen wir uns denn der Mühe überhaupt hingeben, dieses Bild noch einmal zu konstruieren, es in uns richtiggehend aufzubauen? Es genüge doch normalerweise, könnte sich der ganz gewöhnliche Verstand fragen, dass, wenn eine Sache gesehen wird, dann auch sogleich die Fragestellung dazu möglich sein müsste.

Gewissermaßen ist dieser bequemere Umgang mit den Sinneserscheinungen nicht möglich, denn es muss im Innersten der Seele erst einmal das ganze Ereignis in die ausreichend gebildete Form gebracht werden. Solange es nur über die Augen gesehen wird, solange es nur äußerlich durch die Sinne zur Kenntnis genommen wird, ist es noch nicht wirklich in die Klarheit des Gedankenlebens und auch noch nicht in eine klare Form des Ätherleibes gebracht. Es bleibt der Ätherleib noch zu passiv und es ist die ganze bewegende Kraft des Bewusstseins nicht im Vollzug angekommen. Es ist das menschliche Ich noch nicht wirklich in seiner Arbeit angekommen. Nur wenn man eine Situation wirklich aufbaut, sie erschafft, sie in den Formen und Prinzipien erschafft, wird sie wirklich in die ganze Empfindungsgegenwart gebracht. Solange sie noch im Äußeren der Sinneswahrnehmung vorbeigleitet, ist noch nicht ausreichend die Möglichkeit gewährleistet, dass schließlich diese Situation in den integralen Zusammenhang ankommen kann.

Es wäre beispielsweise eine ganz eigentümliche Vorstellung, wenn heute der Geistschüler den bequemen Weg einschlägt und sich sagt, er schaue einen Berg draußen in der Natur an, schließe dann nur kurz die Augen und stelle sich die Frage: Welchen geistigen Weltenzusammenhang besitzt dieser Berg? Es wäre dies eine sehr leichte, sehr unvermittelte und unverbindliche Umgangsart mit schnell intuitiven Reaktionen in der Seele. Nun muss der Einzelne die gewöhnliche Spontanintuition überwinden und ordentlich seine Sinne bewegen, er muss gewissermaßen den Berg in der ganzen Vorstellung schaffen, er muss ihn förmlich empfinden an den Flanken, an den Kanten, in den steilen, in den flacheren Passagen und muss sich auf dieser Grundlage der Aktivität ein Bild über das Wesen der Sache aneignen, das bereichert wird, wie es in der Gesamtheit der Landschaft steht, mit welchen Voraussetzungen es sich offenbart, wie es sich eventuell in der Sphäre, in der Witterung einbindet, um mit diesen schließlich die Bedeutung des Inneren näher heranzubilden.

Indem er diesen Berg in sich in die Formgestalt führt, indem er verschiedene Aspekte bis in ein tiefes Erleben seines inneren Leibes aufnimmt, gewinnt er eine ganz andere Einbindung in den gesamten Weltenzusammenhang. Er bleibt dann nicht mehr der oberflächliche Betrachter, der auf leichtfertige und schnellkundige Weise eine Antwort empfangen könnte, sondern er ist dann derjenige, der das Erlebnis mehr aus dem Zusammenhang heraus kennenlernt. Geistige Wahrheiten bzw. geistige Erlebnisse sind noch von sehr geringem Wert, wenn sie nicht aus dem wirklichen profunden Zusammenhang des wahren Erlebens und nahen Fühlens kommen.

Es ist das Ich-Wesen, das Glied des Iches und das muss einmal ganz deutlich genommen werden, eine schaffende Existenzeinheit. Das Ich ist das Feuer der Schöpfung selbst. Es wurde gesagt, dass dieses Ich gerade dadurch gekennzeichnet ist, dass es unmittelbares souveränes Wirken ist, dass es das Existentsein des Geistes darstellt. Dieses Ich kann nun eigentlich gar nicht wirklich teilhaben, wenn es nur an den äußeren Sinnesprozessen einmal schnell entlanggleitet und es sofort eine Offenbarung erhalten würde, es will sich viel mehr mit der Welt verbinden, es will erst einmal zu einer eigenen Leistung beitragen. Wenn der Aufbau genügend geschehen ist und die weiteren Fragestellungen, die weiteren Disziplinen erfolgt sind, dann kann aus der Gesamtheit, der wirklichen Erfahrung des schöpferischen Sinnes die Antwort erfolgen. Es ist tatsächlich so, dass das Ich schaffen muss, kreieren muss, lebendig werden muss, damit es schließlich aus diesem Schaffen heraus die Antwort des Geistigen erhält.

Fehlt diese bildende und kreative erste Tätigkeit, so würde ein Teil des christlichen Menschseins nicht in seine Ankunft kommen. Es würde sich der Mensch nicht wirklich in der Seele in ein neues und vergeistigtes Leben bewegen können. Er würde mehr oder weniger, wenn er auf eine äußere und oberflächliche Art und Weise hellsichtig werden würde, eigentlich ein weltenferner Bürger bleiben, der keinen Zusammenhang mit den bildenden Wesenheiten aufnimmt und der dadurch nicht wirklich in die Liebeserkraftung der Weltenschöpfung eintritt. Durch die Anlage der schaffenden Kraft aber, durch die Fähigkeit, etwas aufzubauen, etwas zu tun, erlebt der Mensch gerade dieses Erkraften des Wärmeelementes und er gewinnt zunehmend die nötige Liebe, die ihn warm umsorgt für die weitere Existenz.

Man stelle sich das Leben mit jenen genannten Unterschieden vor: Man gibt sich der Mühe hin, Situationen zu schaffen und aufzubauen, sie zu durchdenken und in Bildern der realen, fast greifbaren Form zu erleben. Wie nimmt die Seele daran teil? Wie ist der Mensch mit diesen verbunden? Indem er sich mit einer eigenen Anteilnahme der Sinne, des Gedankens und vielleicht sogar des Leibes, viel tiefer verbunden fühlt, kann er jene herabfließende Liebe empfangen, die im Verborgenen wartet. Bliebe er nur äußerlich, fände er nicht in die Tiefe des erlebensnahen Daseins, kreierte er nicht die eine oder andere Situation, setzte er sich nicht wirklich mit den Gefühlen und Formen auseinander, so dass er ein Wesen erschafft und erbaut, dann könnte er nur sehr schwerlich diese Erkraftung des innersten Liebesimpulses, das heißt derjenigen feinsten Weltsubstanz, die man als christlich-geistige bezeichnet, erleben. Deshalb ist es für die Fragestellung in der Spiritualität notwendig, nicht nur einmal die Frage zu stellen und auf schnellfertige Weise eine Antwort zu erhoffen, sondern in die profunde Wirklichkeit des gesamten Prozesses durch Aufbautätigkeit, durch eine wirkliche Aufbauleistung einzutreten. Der Mensch will wahrhaftig mit den Händen und Sinnen seiner selbst in der Welt und im geistigen Leben dieser Welt ankommen.

Es ist eine sehr schöne Tätigkeit, wenn man diese Möglichkeiten wahrnimmt, dass man eine Situation wirklich kreiert. Es ist beispielsweise für den, der sich im medizinischen Fach befindet, immer eine sehr günstige Übung, wenn er einmal das ganze Gebilde der Krankheiten des Patienten und der Umstände, die ihn begleiten, noch einmal in der Mentalität erschafft und es so lebensvoll erlebt, wie es nur möglich ist. Er wird dadurch viel leichter eine Nähe zu den wirklichen Umständen gewinnen. Es ist auch für den, der künstlerisch tätig ist, eine so wertvolle Arbeit, wenn er nicht nur versucht, schnellfertig eine Nachahmung von Idealen zu leisten, sondern wenn er durch verschiedenste Bemühungen den profunden Aufbau eines wirklichen Gedankens in eine klare Form leistet. Er kann das eine oder das andere lernen, nachzukonstruieren und kann darüber hinaus jene Idee des Möglichen hinzufügen und ein wahres Ideal in die Bildekraft führen. Diese Tätigkeit, die sehr viel mit der primären Formerkraftung zu tun hat, fördert das Ich, denn das Ich möchte sich gerade an den Formen messen und möchte an den Formen wachsen. Der Mensch erlebt sich gesund und selbstbewusst, wenn er gute Formen entwickelt und diese ein nächstdenkbares Ideal fördern können.

Diese beiden umfassenden Fragen können gestellt werden und sie können gerade im Hinblick auf diese genannte Ausrichtung der Formentwicklung eine lebendige Beziehungsaufnahme zu den geistigen und seelischen Welten ermöglichen. Eine dritte Fragestellung, damit wir auf die Zahl Drei kommen und damit wir über die Tage nicht zu wenig zu tun haben, kann noch einmal hinzugefügt werden. Es ist diese dritte Fragestellung eine sehr wesentliche, die eventuell die nächsten Tage noch einmal ausführlicher in die Betrachtung rücken kann.

Es gibt Situationen, die bereits schon in ersten Andeutungen erwähnt wurden, die mit derjenigen inneren Bewegtheit von Zustimmung, teilweiser Zustimmung oder Ablehnung zu tun haben. Es kann sich jemand zu einer Sache in Beziehung bringen und dabei nur ein halbes Ja-Wort sprechen. Es kann jemand eine Pflicht im Leben aufnehmen und zu der Pflicht im Leben auch nur ein mäßiges Ja-Wort sprechen. Es kann jemand beispielsweise geistige Schulung betreiben und um der Sicherheit willen, sich ganz besonders die Welt als Reserve reservieren. Es kann jemand zu einer Beziehung ebenfalls nur ein halbes Ja-Wort geben und sich damit Reserven für die Zukunft aufsparen. Es kann jemand schon Kinder haben, aber zu den Kindern auch nur ein halbes Ja-Wort geben und damit immer im Zweifel sein, ob es Schicksal ist, dass er Kinder hat oder ob es eine Notwendigkeit für die Entwicklung ist. Der Mensch kann sich auf ganze Weise integrieren und einlassen oder er kann gewisse Zustände des vorsichtigen Zurückhaltens und des psychischen Rückzuges reservieren.

Es gibt aber Situationen im Leben, die außerordentlich günstig wirken würden, wenn vom Menschen einmal eine ganze Zustimmung, ein ganzes Ja-Wort erbracht wird. Diese Situationen können jetzt nicht speziell aufgelistet werden, denn sie sind in der Regel an die individuelle Eigenheit und Konstituierung gebunden. Es gibt aber immer wieder Situationen, in denen beispielsweise sogenannte Abhängigkeiten diskutiert werden. Abhängigkeiten können in sehr unterschiedlicher Wirkung ausströmen. Es gibt sehr viele persönliche Abhängigkeiten, es gibt Abhängigkeiten, die zur Materie bestehen und es gibt Abhängigkeiten, die zu allerlei Ideologien stattfinden. Abhängigkeiten sind jedenfalls ein Teil, der sich in der Regel dann umso mehr bemerkbar macht, wenn das Leben nicht in die ganze Erkraftung eines fruchtbaren und brauchbaren Zieles kommt. Man kann von der Tatsache ausgehen, dass der Mensch in all seinen Abhängigkeiten eine Steigerung erfährt, wenn er nicht vernünftige Ziele, brauchbare, fortschrittliche Errungenschaften in seiner Seele entwickelt. Das Potential von Abhängigkeiten steigert sich allgemein im Leben, wenn die andere Seite, die konstruktiv schaffender Art oder bewegter, fortschrittlicher Art ist, ausbleibt. Solange eben das Ja-Wort zu den förderlichen oder möglichen Disziplinen nicht als Zustimmung des Ich erfolgt, solange wird sich auch der Gegenpfad der Abhängigkeit umso mehr bemerkbar machen. In den Verhältnissen des nach außen gerichteten Ja-Wortes und des nach innen fixierten Nein-Wortes hält der Mensch meist ganz unbewusst das Wesen eines *karma*, eines Schicksals fest und begibt sich ohne Wissen darüber in eine Gefahr.

Nun kann wieder ein Beispiel, das der Phantasie oder der konkreten Erfahrung unterliegt, genommen werden und einmal zu einem klaren Aufbau gebracht werden. Man schafft wieder dasjenige Bild, wie der Mensch zwischen Abhängigkeit und Notwendigkeit der Pflichterfüllung sowie der Reserviertheit zu Zielperspektiven und der wahren und reinen Zustimmung zu einem förderlichen Ziel pendelt. Es kann also der Mensch zwischen der kleinlichen Hoffnung der Welt und den Wünschen ausharren und auf der anderen Seite gewisse Ideen und Gedanken des möglichen Fortschrittes als Hoffnung bewahren.

Wie verhält es sich, wenn jemand zu einem guten, gut erwogenen, ausreichend eruierten Ziel einmal seine ganze Zustimmung gibt? Wie verhält es sich wieder für die physische Welt, für die Seelenwelt und wie verhält es sich eventuell, wenn es in irgendeiner Weise möglich ist, ein Bild hierfür zu erzeugen, für die geistige Welt? Es ist gerade diese Fragestellung von einem ganz besonderen Interesse, denn sie ist so bedeutungsvoll für die Entwicklung der gesamten Zukunft. Diese Fragestellung nach der wahren Pflicht ist nicht nur eine Angelegenheit, die man schnell einmal zur Neugierde entwickeln könnte, sondern sie ist vielmehr eine wirkliche, aus der gesamten Weltenstimmung kreierte, die besonders für den, der sich mit dem Weg auseinandersetzt, unbedingt einmal näher zur Kenntnis genommen werden kann.

Für die übende Konsolidierung wird wieder die entsprechende Situation kreiert und schließlich wird diese Situation dann in eine entsprechende Beziehung mit einer ruhigen, kontemplativen Betrachtung gebracht. Mit der Zeit wird sich eine Stimmung für die Ordnung, die dadurch im Astralleib erwachen kann, erbauen und es wird mit der Zeit eine Ahnung erkraften, wie der Mensch im Leben tatsächlich mit diesen Möglichkeiten des Willens gegründet ist. Die Frage der Entscheidung oder der Zustimmung zu einer wesentlichen Aufgabe, zu einer förderlichen Entwicklung ist eine Angelegenheit, die sowohl das Gedankenleben einschließt als auch das ganze Gemüt bewegt, aber schließlich in letzter Konsequenz ganz wesentlich von dem Willen ausgeht. Der Wille umfasst den ganzen Menschen, der eindeutig und wahr nur in einer Richtung tätig sein kann. Der Wille kann nicht zwei Welten gleichzeitig dienen.

Wegweisend für diese Übungsausrichtung ist es, dass es hier nicht darum geht, nur auf äußerer Ebene, das heißt auf weltlicher Ebene, eine gut geordnete Disziplin zu erschaffen, sondern wesentlich ist es, dass wirklich durch alle Hindernisse hindurch, durch alle Eigentümlichkeiten des Schwachseins eine Beziehung zur geistigen und zur seelischen Welt aufgebaut wird. Man muss sich immer wieder die Frage stellen: Wie wirkt mein ganzes Leben auf die nächsten Welten? Es kann die Frage nicht nur so gestellt werden: Wie wirke ich auf meine Mitmenschen? Sondern es muss darüber hinaus die Frage gestellt werden: Wie wirkt mein Leben auf die Seelenwelt und auf die geistige Welt? Ist es der Herr der Welt, die Stimme der Autorität der weltlichen Prinzipien oder ist es der Herr der wahren Welten, der Geist der höheren Hierarchien, die mich inspirieren und zu den Entscheidungen veranlassen? Beiden Herren, dem der Welt und dem des Geistes kann kein noch so geniales Denken gerecht werden. Ähnlich verhält es sich, wenn man sich zwar die Frage stellt: Wie erfülle ich das Pensum einer Gruppe, einer Welt, einer Forderung von anderen? Der Mensch sich aber darüber hinaus nicht die Frage stellt: Wie wirkt das Handeln wirklich auf die umliegenden Menschen, auf die Welt und auf die nächsthöheren Welten? Wie wirken eine Entscheidung, eine Zielvorstellung, eine Motivation auf die physischen Welten, auf die Seelenwelten, wie wirken diese auf die geistige Welt?

Diese Fragen sind für die nächsten Tage als Übung wegweisend und sie können nicht nur auf das eigene Persönliche eruiert werden, sondern im Allgemeinen auch als universale Motive gedeutet werden. Die drei Beispiele können persönlich genommen werden, sie können aber genauso gut auf eine außenstehende, auf eine zu beobachtende Situation ausgerichtet werden. Gerade aber in dieser Hinsicht sollte eine Geistschulung ganz lebendig werden. Es wäre günstig, wenn diese Fragen die empfindsamen Gemüter bewegen und sie uns aus aller Beharrlichkeit auferwecken, so dass sie die äußere Zugehörigkeit nicht nur mit Kopfnicken erfüllen, sondern dass sie das bisherige Denken wirklich über sich selbst hinausheben, dass die Gedanken und Gefühle so mobil werden, dass die grämenden Wesenheiten keine Zeit finden, lange Konflikte und Sentimentalitäten zu beherbergen.

Das Wesen und die Tragweite
einer guten Fachkunde

Vortrag vom 30. 12. 2007

Es ist eventuell interessant, wenn wir die Aufgabenstellung von gestern nicht sofort in eine Beantwortung rücken, sondern mehr den Aufbau der Sache, den Aufbau der Übung noch einmal näher betrachten. Der Übungsaufbau spendet gewissermaßen das erste Fundament der Gedanken- und Seelenordnung für die gesamte weitere Entwicklung und ebenfalls für eine positive Antwort der Übung. Ist das Fundament nicht wirklich richtig aufgebaut, so können die Antworten wohl nicht ausreichend den Menschen erreichen. Bei all diesen Übungen darf immer davon ausgegangen werden, dass der Mensch selbst nicht die Antwort geben kann, sondern er sich der Geduld hingeben muss, dass diese Antworten ihm mit der Zeit durch eine Annäherung der geistigen Welt gegeben werden. Nicht aus dem eigenen Organischen und aus den direkten, unmittelbaren, persönlichen Ebenen des Daseins erfolgt die Antwort auf eine spirituelle Frage, wie es sich beispielsweise mit einer Sache im Jenseits oder in der schöpferischen Welt verhält, sondern es ist tatsächlich unumgänglich, dass sich der Mensch sorgfältig vorbereiten muss und er sich in der geeigneten Konstituierung seiner Seele gründet und dazu die rechten Konditionen des Anschauens und Denkens herbeiführen lernt, so dass er mit der Zeit in die Bereitschaft eintreten kann, die Antwort wirklich zu empfangen. Er muss auf der einen Seite die richtige Ordnung in sich selbst und im Denken, Fühlen und Willen herbeiführen und in der weiteren Folge die rechten Wahrnehmungsorgane für die Empfindungen der geistigen Welt ausprägen. Indem er diese beiden Disziplinen entwickelt, kommt ihm ganz naturgemäß die geistige Welt entgegen. Nun bedarf es aber immer einer gewissen Umsicht und Geduld, damit diese geistige Welt mit ihren Offenbarungen im rechten Sinne auf den Menschen wirken kann.

Es kann beispielsweise sein, dass der Einzelne der Antwort bereits schon viel nähersteht, aber diese Antwort gewissermaßen nicht vernimmt, nicht wirklich empfindet, sie gewissermaßen überhört. Indem er aber die rechte Wachheit und Aufmerksamkeit entwickelt, spürt er zumindestens, wie er langsam den geistigen Welten entgegengeht und wie diese geistigen Welten ihm leise entgegenblicken. Der Prozess zur integralen Einsicht in die höheren Welten erfordert einen formerkraftenden Aufbau und ein Ordnen und dies bezieht sich vor allen Dingen auf die umliegenden und bestehenden Bewusstseinsverhältnisse. Solange eine Unordnung im Bewusstsein besteht, das heißt solange die richtige Positionierung und der klare Gedankenaufbau fehlen, solange werden auch die eigentlichen und wahren Gedanken zu wenig oder gar nicht empfangen werden können.

Ist aber eine Ordnung vorhanden, gewissermaßen eine Ordnung, die in allen Positionen und auch in allen Gedankengängen eintritt, dann kann über das Gedankenlicht und über die dahinter liegende Empfindungssubstanz die Antwort in die menschliche Intelligenz eintreten. Geduld, Wachheit, Umsicht, sorgfältige Erwägungen und weiterhin ein vorsichtiges Fragen sind einige sehr wichtige Umstände, die bei allen diesen Übungen einbezogen werden müssen. Vor dem Element des willentlichen Ergreifens oder Zugreifens, des vorschnellen willentlichen, unmittelbaren Wünschens muss sich der Einzelne hüten. Das Willenselement muss sich innerhalb den anderen Leib-Seele-Kräften gut ordnen, damit die wirkliche bewusste Annäherung zu den geistigen Welten eintreten kann. Dieser Ordnungsprozess ist gleichzeitig sehr gesundheitsfördernd und bringt gleichzeitig die Ich-Erkraftung im Sinne einer integralen, weichen Persönlichkeitsstruktur zu einem hohen Anteil mit sich.

Es ist gestern erwähnt worden, dass eine Übung konsolidiert und aufgebaut werden sollte. Eine Übung ist nicht gut zu beginnen, wenn sie nur mit einer Fragestellung und einem isoliert stehenden willentlichen Bedürfnis einhergeht. Die Vorbereitung und Fragestellung in der Übung sollte tatsächlich in einem klaren Maß, in einer ganz bewussten Ordnung erbaut und schließlich in verschiedenen Formprinzipien geschaffen werden. Damit die Arbeit einmal deutlich wird und um aufzuzeigen, wie etwa diese Umsetzung eintreten kann, kann zunächst eine zu den drei Fragen hinzukommende vierte Frage gestellt werden. Diese hinzukommende vierte Frage kann ganz unabhängig von den bisherigen Erkenntnissen die Konditionierung des Ätherleibes und die Ordnung des Astralleibes aufzeigen.

Eine der ganz wesentlichen Notwendigkeiten für ein zukünftiges, gutes, integratives Bewusstsein in der Welt ist die Entwicklung und Ausprägung einer geeigneten Fachkunde. Die Fachkunde kann nun beispielsweise der Yoga-Lehrer für sich entwickeln und darf sie auch beanspruchen. Es kann des Weiteren aber jeder auf seinen Ebenen des Daseins die rechte Entwicklung seines Fachgebietes anstreben und er kann sich ganz besonders dahin entwickeln, dass er auch im Umgang des Miteinanders, das heißt im menschlichen Zueinander und innerhalb der menschlichen Qualitäten ebenfalls eine reifliche Ausdrucksart gewinnt. Die Fachkunde darf deshalb auf etwa zwei äußere Elemente gestützt werden.

Ein materielles, ein fachliches Gebiet sollte auf der einen Seite gut durchdrungen sein, sollte mit weisheitsvollen Elementen begleitet sein und auf der anderen Seite sollte dieses Fachgebiet durch die menschlichen Qualitäten in einen mitmenschlichen, sozialen oder freundschaftlichen Zusammenhang finden. Die menschliche Pädagogik oder menschliche Reife bereichern oder etablieren das Wissen um die Materie und mobilisieren das Handhaben der Materie im rechten Sinne.

Es stellt sich die erste Frage nach der Wirkung der Fachkunde in der Welt: Wie verhält sich das äußere Leben, wenn jemand auf seinen beruflichen oder allgemein auf seinen Lebensgebieten eine gute Fachkunde entwickelt hat? Wie verhält es sich darüber hinaus für die nachtodliche Welt und schließlich wie verhält es sich im Sinne des gesamten Daseins für die schöpferische, geistige Welt? Wie wirkt beispielsweise die weisheitsvolle und gut entwickelte, menschliche Fähigkeit in beruflicher und in allgemeiner pädagogischer Hinsicht? Wie wirken diese Qualitäten auf die verschiedenen drei Welten? Diese drei Welten, die sehr unterschiedlich sind, dürfen in einem geordneten und wohl differenzierten Sinn nebeneinander gestellt werden.

Die verschiedensten Beobachtungen lassen sich für die erste Fragebeantwortung anführen. Es lässt sich beobachten, dass die Menschen, die sich nicht um die Würde eines Fachgebietes, um die Würde einer Weisheit im Leben bemühen, mehr oder weniger nur sogenannte irrationale Autoritäten werden, die reden, die sich behaupten, aber die eigentlich nur einen unnötigen Wind, eine sogenannte Unruhe in jeder Weise aufwirbeln. Sie sind auf der einen Seite scheinbar große Besserwisser oder vielleicht werden sie sogar als Autorität gefeiert, aber in Wirklichkeit sind sie alles andere als eine wirkliche Autorität. Sie sind also nur nach außen oberflächliche Persönlichkeiten, aber nach innen hin sind sie keine Autoritäten, sind sie keine wirklichen authentischen Persönlichkeiten. Es lässt sich deshalb feststellen, dass der Mensch, wenn er sich nicht um die Weisheit seines Berufes oder seiner Möglichkeiten, seiner verschiedenen Qualitäten bemüht, er mehr oder weniger zu Irrationalitäten oder zu Weltenträumereien verurteilt ist. Interessant ist es aber, wenn diese Fachkunde einmal anhand eines Beispieles ganz ernst aufgebaut wird, das heißt ganz ernst einmal das Bild konstruiert wird von einem Menschen, der auf seinem Fachgebiet gut mit anderen umgehen kann. Man nehme zum Beispiel jemanden, der ein guter Arzt ist, ein guter Zahnarzt oder guter Handwerker oder sogar jemanden, der auf einem leicht zugänglichen Gebiet gut ist, wie beispielsweise einen Kellner im Restaurant. Es ist einerlei, ob wir einen akademischen Beruf oder einen ganz herkömmlichen Beruf zur Beurteilung nehmen. Für die Fachkunde ist es einerlei, denn als Arzt oder Jurist kann man genauso Dilettant sein und Irrationales vollbringen als beispielsweise der Verkäufer oder der Handwerker. Der Schaden des Dilettantismus mag so oder so gegeben sein. Ein Handwerker, der nicht weiß, wie er Rohre verlegen muss, aber große Rechnungen stellen kann und im Nachhinein das Wasser aus allen Wänden fließen lässt, wird sich natürlich nicht gerade die größten Freunde schaffen und ein Arzt, der sich vielleicht schon gut vom Titel her in der Gesellschaft ausdrückt, gibt nicht das beste Zeugnis ab, wenn er mehr Krankheiten verursacht als zum Gesundheitsdienst des Daseins beiträgt.

Eine gute Fachkunde sowohl in weltlicher Hinsicht als auch in menschlicher Hinsicht des Charakters, der sich in der Qualität des menschlichen Miteinander-Umgehens äußert, ist in der Regel immer zusammengehörig. Nun ist es wichtig, dass ein Beispiel genommen wird und die Beobachtung erfolgt: Wie sieht jenes Leben aus, das sich mit guter fachlicher Qualität, menschlicher Klarheit und Würde in das Leben einfügt? Wie sieht der Mensch zunächst einmal äußerlich aus? Wie benimmt er sich? Wie steht er im Leben? Schließlich stellt sich die Frage: Wie drücken sich die Worte einer wahren Weisheit im Beruf und im Zueinander aus?

Es ist beispielsweise sehr leicht für die Sinne erkennbar, ob jemand auf seinem fachlichen Gebiet wirklich ein Wissen besitzt oder ob er nur ein sogenanntes Pseudowissen vortäuscht. Das wirkliche Wissen drückt sich in der Art, wie jemand mit einer Sache und seinen Mitmenschen umgeht, entweder in Form von Sicherheit oder aber in Form von Halbfertigkeiten, Zweifeln, Ängsten oder sogar einer gewissen Irrationalität aus. Gerade in diesem Rahmen der Beobachtung kann das empfindsame sachliche Fachwissen einmal wahrgenommen werden: Fühlt man sich mit dem Menschen wirklich unterstützt oder erhält man bei Betrachtung des Menschen das Gefühl, dass man mit diesem im wahrsten Sinne ausgeliefert und verloren ist? Wenn nun dieses Gefühl durch Beobachtung und Klarheit reiflich ausgeprägt wird, kann es unter Umständen einen ersten Anhaltspunkt geben.

Es ist aber wichtig, einmal ganz klar einen Menschen mit guter Fachkunde zu konstruieren und anlässlich eines authentischen Beispieles ihn in seiner Radiation zu beobachten. Es kann beispielsweise jederzeit einmal, wenn man in ein Restaurant geht und den Ober, den Kellner beobachtet, schnell erkannt werden, wie das fachliche Vermögen angelegt ist und wie die Freiheit des Berufsweges auf dieser Grundlage möglich wird.

Es gibt beispielsweise einige wenige Kellner, die so elegant dem Menschen gegenübertreten, dass jenes Phänomen eintritt, dass die Kundschaft gerne, um der Atmosphäre willen, wiederkommt und dass diese gerne etwas im Sinne der Aufmerksamkeit und des Respektes zurücklassen. Nicht nur das Trinkgeld oder allgemein das Geld sei von wesentlichster Bedeutung, das der Kunde zurücklässt, sondern es ist zu einer wichtigen Aufmerksamkeit zu führen, dass dieser auch von sich selbst etwas zurücklässt. Der Kunde opfert sogar einen Teil seines Gemütes.

Es ist außerordentlich interessant, wenn ein Beispiel in dieser Hinsicht lebendig konstruiert wird. Indem das Bild lebendig aufgebaut wird, geschieht eine Wirkung innerhalb des astralen Leibes und es geschieht eine fortsetzende Wirkung in Bezug auf den Ätherleib. Diejenige Wirkung, die nun auf den Astralleib zu wirken beginnt, kann beispielsweise schon die ersten Ergebnisse über das Gesamte geben. Es wird nämlich gerade bei der Erkundung mit Hilfe eines Beispieles dieser Art eine ganz eigentümliche Sache festgestellt. Jene eigentümliche Sache, die festgestellt wird, steht ganz revolutionär zu den allgemeinen organisierten Denkvorgängen in der Welt.

Eine gute Begegnung in der fachlichen Ebene des Daseins lässt aus dem Gemüte einen kleinen Abschnitt des *karma* weichen, es befreit den Menschen von jenen alten Sorgen und überholten Gewohnheiten. Ein kleines Quantum des *karma* kann im Restaurant hinterlassen werden.

In der äußeren Einordnung wird aber festgestellt, dass derjenige, der eine gute Fachkunde hat, auch spielerisch mit dem Leben umgehen kann und derjenige, der keine Fachkunde hat, sich mit allerlei Klagen und sogenannten irrationalen Zwängen bis hin zu Rechtmacherei bewegt. Derjenige, der wirklich eine gute Substanz in seinem Gebiet aufgebaut hat, bewegt sich leichterhand und äußert sich auch sicherer im Umgang mit seinen Mitmenschen.

Es wird bereits bei dieser Beobachtung und bei diesem Aufbau des gesamten Bildes deutlich, wie unterschiedlich sich der Mensch bewegen kann. Hat er jene Weisheit entwickelt, die wirklich von Bedeutung ist, so spielt er gewissermaßen auf leichter Ebene mit den Mitmenschen. Es ist erstaunlich, wie, um das genannte Beispiel aufzugreifen, der Ober kommt, den Kunden mit einer höflichen Frage umkleidet, beispielsweise nur nach dem Interesse des Urlaubs – die Frage ist sicher nicht gerade tiefgründig, sie ist aber höflich und in einer Verbindlichkeit ausgerichtet – und er schließlich das Angebot des Restaurants solide präsentieren kann. Die Atmosphäre entwickelt sich sympathisch und zwangfrei, die Gespräche bleiben vom Konsumzwang zurückhaltend. Des Weiteren aber braucht er den Kunden nicht bedrängen und er kann sich leichten Herzens der Sicherheit erfreuen, dass der Kunde ohnehin ausreichend bestellen wird. Die freie Atmosphäre erlaubt eine sofortige Freizügigkeit im Umsatz. Besteht aber jene Freiheit der ordentlichen Begegnung nicht, so werden die Gäste eines Restaurants im Konsum zurückhaltend reagieren.

Nun zeigt sich aber auch des Weiteren die Beobachtung, dass sich derjenige viel frischeren Charakters in den Saal einordnet, der dieses leichte Spiel beherrscht und frei von der Materie ist. Derjenige aber, der sich mit besonderer Hingabe und Hinwendung, mit einer fast intensivierten Freundlichkeit bewegt, sich bei der Arbeit erschöpft. Der fachkundige Kellner bewegt sich wie auf den Wellen, der Ungeschulte jedoch schwimmt förmlich gegen alle nur erdenklichen Strömungen. Auf diese Weise zeigen sich unterschiedliche Bilder und Beobachtungen. Der geschulte Kellner weiß, wie er mit Gästen umgehen kann, er besitzt das Sprachvermögen und hat die Art des In-Beziehung-Tretens bis zu einem hohen Freiheitsgrad entwickelt. Die einzelnen Griffe sind sicher, fest und klar, während der andere die Gabel fallen lässt und sich dreimal entschuldigen muss, damit das Chaos überhaupt noch überdeckt werden kann. Gerade diese äußeren Beobachtungen zeigen sich.

Wenn nun ein Bild in dieser Hinsicht aufgebaut wird, ein positives Bild von der bestehenden Art und Weise einer Fachkunde, dann zeigt sich wiederum für das erste Empfinden als Antwort, dass der Mensch, wenn er einmal reiflich an einem Punkt praktischer Befähigung angekommen ist, also eine Fähigkeit wirklich entwickelt hat, dass diese Fähigkeit ihm keine Kraft mehr kostet, sie in den Willen übergegangen ist und der Wille nun ohne großartige Gedankenanstrengung und ohne Gefühlszwang in einer naturgegebenen Bewegung zu handeln vermag.

Es zeigen sich aber besondere Freiheiten in der menschlichen Begegnung. Diese Freiheiten geben die ersten Bausteine für eine Nachfolge des freien Denkens. Des Weiteren zeigt sich, dass eine aufsteigende Energiebewegung in der gesamten Umsetzung der Fall ist. Diese aufsteigende Energiebewegung ist sowohl für den Klienten als auch für den Ober gegeben. Wie ist diese aufsteigende Energiebewegung zu nehmen? Sie ist so eigentümlich, weil sie gewissermaßen an das moralische Gefühl des Menschen appelliert. Wenn einmal jener Punkt erreicht ist, der in Freiheit der Ich-Bewegung stattfindet und in der Weisheit der Umstände, so dass die Materie eigentlich nur noch ein Spielwerkzeug für den Menschen ist, sowohl für den Gast als auch für den Kellner, dann kann davon ausgegangen werden, dass beide etwas durch ihre Begegnung in die geistige Welt hineintransformieren. Sicher gibt die Begegnung eines Gastes mit einem soliden und geschickten Kellner jetzt nicht den allergrößten Fortschritt oder ermöglicht eine revolutionäre Errungenschaft, es ist aber tatsächlich so, dass nämlich durch diese erste menschliche Weisheit und durch das Zusammentreffen der Gast dazu motiviert wird, wirklich etwas an der richtigen Stelle zu hinterlassen, das heißt er hinterlässt neben dem Geld eine kleine Last des *karma*.

Sowohl der Ober als auch der Kunde opfern eine gewisse Ersparnis in ihrer Seele hin und erleichtern sich um einen Atemzug des *karma*. Beide opfern etwas. Es ist nämlich zu beobachten und das ist das Eigentümliche, das im moralischen Sinne so schwer fassbar ist, dass der Ober durch die Leichtigkeit der Handlung es veranlasst, dass der Kunde ganz automatisch etwas zurücklässt. Der Prozess bleibt in einem leichten Spiel. Der moralische Beweggrund ist nun, dass beide etwas opfern, aber in Leichtigkeit etwas opfern. Normalerweise wird die Moralität daran gemessen, dass der eine etwas hingibt und unbedingt etwas dafür erhalten muss. Das zu bezahlende Geld erscheint als das unwichtigste Kriterium von allen. Nun zeigt sich aber dieses so eigentümliche Spiel, dass eigentlich gerade dieser normale moralische Zwecksinn nicht mehr wirklich in Kraft tritt, sondern dass sich das Ich spielerisch mit der Materie auseinandersetzt und beide etwas in eine nächste mögliche Sphäre hingeben.

Es ist der Begriff des Dienens im Menschen sehr tief eingegraben, dass er darin oft ein schwerfälliges Handeln erlebt und dieses ganz der Erde und dem vergänglichen Dasein weihen möchte. Der Beruf des Kellners ist der typische Beruf des Dieners. Ist es nicht so? Wie zeigen sich die Gebote des Dienens bereits schon innerhalb verschiedener Berufswege? Der Dienst wäre wohl einseitig, wenn er nur die vergängliche Sphäre des Daseins berühren würde, er nimmt aber einen Charakter an, wenn er in aufsteigendem Maße die höheren Welten weise einbezieht.

Die Aussage, die daran gewonnen werden kann, die nun anhand des Beispieles des Kellners und des Gastes vorgestellt wurde, ist jene, dass nämlich sowohl der Kellner, wenn man diesen einfachen Begriff einmal gebraucht, sich etwas nimmt als auch der Kunde sich etwas nimmt. Beide nehmen gewissermaßen eine bestimmte Sphäre auf. Beide transportieren in dieser Sphäre ihr Gemüt weiter. Es ist eigentümlich, wenn ich diese Aussagen treffe. Wie ist der Kellner moralisch eingestellt? Er ist eigentlich gar nicht im erdverhafteten Sinne dienstbereit eingestellt, er ist eigentlich nur innerhalb seines Stiles lebendig gegründet. Er sagt sich, es macht mir Freude, wenn ich sehe, dass all diese Begegnungsmöglichkeiten auf leichter Ebene funktionieren. Es kostet mich keine Kraft, ich begebe mich nicht in die Schwere der Welt hinein. Es macht mir Freude, einmal in dieser, einmal in jener Sprache zu sprechen. Es macht mir Freude, dieses oder jenes anzubieten, weil ich weiß, dass es der Kunde kaufen wird. Es macht mir Freude, sagt sich der Kellner, wenn ich merke, dass der Kunde eine Aufmerksamkeit zu dieser Sphäre im Restaurant entwickelt und ganz natürlich mit anerkennenden Gefühlen aus dem Hause geht. In der irdischen Ebene des Daseins erleichtert sich der Kunde, der einem fähigen Kellner begegnen kann.

Nun ist es aber wesentlich, die Frage zu stellen: Wie verhält es sich denn bei diesem Prozess mit der Seelenwelt und wie verhält es sich schließlich mit der geistigen Welt? Wie verhält es sich grundsätzlich, wenn jemand eine gut durchdrungene Fähigkeit innerhalb seines Berufsweges erbaut hat? Nun ist es wichtig, bevor einmal die Frage aufgebaut wird, noch einmal auf die beiden Leiber, auf den Astralleib und auf den Ätherleib zurückzublicken.

Es ist auf den Astralleib gesehen, eine Art kleine, neue Ordnung, die nun aufgebaut wird, wenn sich beide in ihrem Ich würdigen können, der Kunde und der Kellner oder derjenige, der von seinem Berufsweg etwas zu sagen hat wie auch derjenige, der der Empfangende ist. Wenn nun diese Ordnung in der Leichtigkeit der Freiheit entsteht, so ist eine ganz natürliche Einordnung innerhalb der Bewusstseinsverhältnisse gewährt. Das bedeutet in der weiteren Terminologie, dass sich der Astralleib viel leichter in die Gesamtheit einfügen kann.

Nun stellt sich als nächstes die Frage: Wie verhält es sich für den Ätherleib? Für den Ätherleib ist es so, dass eine sichere Fachkunde den Menschen in Ruhe lassen kann. Man braucht an den Menschen nicht mehr hinzudienen, man braucht nicht mehr die üblichen Erwartungen stellen, die fast immer mit gewissen Zwängen einhergehen. Es bleibt ein freies Umgehen der Fall und dieses drückt sich in eleganten Gestikulationen aus.

Diese Freiheit lässt nun die Lebenskraft neu durchatmen. Der Ätherleib kann sich nun endlich einmal in einer solchen Phase erholen. Man beachte einmal, wenn wirklich eine Freiheit durch gute Fachkunde gegeben ist, wie erholsam sie sein kann und wie nervenzehrend auf der anderen Seite es wieder der Fall ist, wenn man es mit Dilettanten zu tun hat. Man ist vielleicht ein Hilfesuchender, ein Hungernder oder ein bittender Mensch für eine Fragenbeantwortung und stößt gerade auf jene Menschen, die sich als Dilettanten offenbaren. Der Ätherleib kann sich wirklich innerhalb einer guten fachlich-orientierten und geordneten Ausrichtung von negativen Belastungen erholen. Es ist tatsächlich möglich, dass die Verhältnisse einer guten Fachkunde und Pädagogik sehr gesundheitsfördernd wirken.

Wie wirkt eine gute entwickelte Fachkunde auf die höheren Welten? Für die Beantwortung dieser Frage ist es sinnvoll auf das vorgegebene Schema zurückzukehren. Es mag mühsam erscheinen, wenn noch einmal auf die Sorgfalt des Übungsaufbaues wertgelegt wird. Der Ätherleib wird bereits schon auf sehr schöne und wesentliche Weise erbaut, wenn die Aufmerksamkeit, wie das gestern gesagt worden ist, auf die Strukturbildung des Gedankens gelenkt wird. Jener Gedanke muss einmal kurz eingefügt werden. Indem wir eine Konversation zwischen Kellner und Gast vorstellend kreieren, schaffen wir eine Situation. Es wurde von mir einmal kurz die Situation zum Astralleib und zum Ätherleib hin charakterisiert. Gleichzeitig wird das Bild von einem positiven Gestimmtsein der Fachkunde entwickelt und immer wieder das Gegenbild einer etwas dilettantisch gearteten Fachkunde daneben gestellt. Es wird aber innerhalb des ganzen Übungsaufbaues nun ein wirkliches Bild erzeugt.

Dieses Bild, das als Übungsbeispiel von mir erzeugt wurde, kann einmal lebendig hinterfragt werden. Wo befindet es sich lokalerseits, örtlicherseits? Wie entsteht dieses Bild? Wie setzt es sich zusammen? Es ist nämlich ganz interessant, dass das Erbauen eines solchen Bildes eine ganz wesentliche Begleittatsache auf dem Übungsweg darstellt. Indem nun dieses Bild am Beispiel geschaffen wurde, lebt es in der gegenwärtigen Sphäre. Es gewinnt ein eigenes Existenzwesens-Dasein. Es wird als Wesen kreiert, es wird hervorgehoben als eine eigene Wirklichkeit. Diese Wirklichkeit wäre nicht vorhanden, wenn sie nicht gedacht, nicht kreiert, nicht aufgebaut werden würde. Würde ich zur Fragenbeantwortung nur drei Sätze geben und das Bild einer Atmosphäre nicht zwischen Kellner und Gast aufbauen, dann wäre die Wirklichkeit unter uns eine andere. Es wirkt dann das geschaffene Gebäude, das *rūpaṁ*, die Form des Wesens nicht. Diese Form des Wesens aber der Konversation zwischen Kellner und Gast lebt durch die mentale, geschaffene Stimmung.

Es gibt verschiedene Gedankenformen. Es gibt positive, es gibt negative Gedankenformen. *Kāma-rūpaṁ* ist nach dem Sanskrit die Begierdenform. Es gibt unendlich viele emotionale und gedankliche Formen. Es gibt weiterhin eine Form *ānanda-rūpaṁ*, die glückselige Form und es gibt eine irdische Form, *ārtha-rūpaṁ*. Es gibt also verschiedene Formen. Nun wurde eben, und das müssen wir für die Konsolidierung und die Interpretierung der gesamten qualitativen und ästhetischen Übung beachten, diese Form auf mentale Weise aufgebaut, damit mit dieser eine weitreichende Vorstellungsbildung gegeben und gewährleistet ist. Diese Vorstellungsbildung aber trägt in sich ein spezifisches Wesen. Es lebt also das, was ausgedrückt wurde, als ein gewisses mentales Gebäude oder man kann es so ausdrücken, es lebt diese Form als Wesen zunächst in der Astralsphäre und sie wird weiter, wird konkreter und immer konkreter bis hin zu einer eigenständigen Formgestalt. Diese eigenständige Wesenheit lebt unter uns. Sie darf benannt werden. Es lebt eine bestimmte Form, ein *rūpaṁ*, ein eigenständiges Formwesen unter uns. Dieses eigenständige Formwesen kann nun empfunden und soll empfunden werden. Mit dem Bild des Kellners ist ein ästhetisches *ārtha-rūpaṁ*, ein weltliches Wesen gegeben.

Das Formwesen lebt gewissermaßen erst einmal außerhalb von uns. Es taucht noch nicht sogleich in die Innenwelt, in die organische Welt des eigenen Besitzers unter. Dadurch ist das Wesen anschaulich. Was tut nun dieses Wesen, das *ārtha-rūpaṁ*? Dieses Wesen bringt einen Ernährungsprozess für den Menschen, das heißt es wird im Ätherleib aufgenommen und über den Ätherleib wird es dann bis hin zur menschlichen Form gebracht, das heißt es beeinflusst den Menschen bis hinein in den physischen Leib. Das, was von meinen Worten nur einmal mental als Gestalt erzeugt worden ist, was sich aber in der Astralsphäre und in der Äthersphäre widerspiegelt, dasjenige wirkt weiter und bringt sogar noch eine Formgestalt bis in das physische Leben herunter. Vom Gedanken bis zum physischen Leib fließt eine Wirkung herab.

Wenn dieser Weg einmal betrachtet wird, so wird deutlich, dass der Mensch sich innerhalb einer geistigen Dimension bewegt und dass er selbst, ob er will oder nicht, immer geistig schaffend wirkt. Er wirkt immer geistig schaffend, er kann die verschiedenen innersten Wesenheiten erzeugen. Er kann von unsinnigen Wesenheiten zu geordneten Wesenheiten, zu Begierdewesen, zu intelligenten Wesen, zu anschaulichen, angenehmen, ästhetischen Wesen allerlei erzeugen. Das, was nun erzeugt worden ist, ist eben ein bestimmtes Wesen, ein ästhetisches, weltliches, ein *ārtha-Wesen*, das dazu weiterhilft, eine Menschenkunde zu entwickeln, eine praktische und anschauliche Menschenkunde zu erbauen. Dieses Wesen, das im Raume erzeugt wurde, wirkt nun weiter und wird das Leben wieder für die Zukunft beeinflussen, denn die Leiber im Inneren werden wohl daran einen gewissen inneren anregenden Strom der Gedankenaktivierung vernehmen.

Indem auf diese Weise ein ganz bewusster Aufbau erfolgt und indem auch die Form, das *rūpaṁ*, die Gestalt noch einmal erlebt wird, ist es so, dass sich der Mensch moralisch weiterentwickelt. Indem er sich dieser schaffenden Kraft ganz klar und gegenwärtig bewusst wird und indem er des Weiteren die Aufmerksamkeit darauf richtet, dass all das, was in Gedanken oder in Gefühlen erzeugt wird, schließlich auch eine gewisse Wirkung auf das ganze Menschsein und auf alles Leben intern und extern aufweist, auf das willentliche Menschsein und auf alle weiteren Ströme, wird er verantwortungsvoller, das heißt er wird moralisch besser gestimmt. Ganz naturgemäß ist es eine positive Folge, wenn der Weg in diesem Sinne ernst genommen werden kann, dass ein moralisches Gestimmtsein im Menschenleben entflammt.

Es wird aber das Ergebnis nicht eine moralisierende kleinliche Haltung fördern, sondern das wirkliche moralische Gestimmtsein in der Seele kann auf dieser Grundlage erwachen. Im moralisierenden Wesen, das immer bekrittelt und verurteilt – der Italiener sagt „brontolare" – er brummt, er muss immer etwas zum Aussetzen haben, er muss es immer besser wissen, veröden die schönen *ārtha*-Wesen, und ohne diese Wesen fällt das ästhetische Benehmen und Kommunizieren. Das moralische Bekritteln bis hin sogar zum moralischen Verurteilen ist eigentlich etwas Schreckliches. Es entsteht deshalb, weil der Mensch noch nicht reif geworden ist zu einer ordentlichen Haltung, zu einer Formgebung des Lebens und schließlich damit zu einem ordentlichen, klaren, moralischen Gestimmtsein, das ein tragfähiges Selbstbewusstsein mit Freiheit erzeugen kann. In Wirklichkeit zeigen die vielen Emotionen und Machenschaften nichts anderes als die Unfreiheit und die Mangelhaftigkeit des Seelenlebens an. Das Üben selbst ist ein unmittelbarer Willensprozess des selbstbewussten Menschen und führt, wenn er richtig verstanden wird, zur moralischen Erkraftung des Menschen. Selbst wenn noch nicht die Einsicht in die geistige Welt ausreichend gewonnen ist, so bewirkt das Üben, wenn es richtig aufgebaut wird, bereits ein Herabmindern alles Moralisierenden und Verurteilenden und eines Erkraftens von wirklichen Wertegefühlen im Sinne einer Moralität.

Wie verhält sich nun die Fachkunde innerhalb der irdischen Welt? Eine Fachkunde innerhalb der irdischen Welt schenkt Freiheit im Leben und Leichtigkeit im menschlichen Gespräch. Wie gesunde Atemzüge an frischer Luft erscheint die Begegnung mit einer guten Fachkunde. Innerhalb der Seelenwelt ist ebenfalls ein außerordentlich schönes Gefallen zu finden. Wie erleben die Toten jenen Menschen, der sich emporgerungen hat und an sein fachliches Gebiet innerhalb der menschlichen sozialen Bewegungen anknüpfen kann? Wie werden die Toten darauf reagieren?

Mit der Konzentration auf diese Frage, verbunden mit dem entwickelten, konsolidierten Bild von Kellner und Gast, stellt sich leise und langsam ein Gefühl ein, dass diese Welten in Zusammenhang stehen, die irdische Welt und die nachtodliche Welt, und beide in einem ganz unscheinbaren, leisen, einem ganz feinsinnigen Empfinden sich hörend wahrnehmen. Es ist nicht ein Kommunizieren mit Worten, sondern es ist wirklich nur ein

Kommunizieren mit gewissen feinsten Empfindungs- und vielleicht sogar feinsten Willenseindrücken. Sie sind fast immer unter der Schwelle des Bewusst-Wahrnehmbaren. Indem aber die Zeit etwas länger ausgedehnt wird und die Fragestellung gemäß der geschaffenen Formwesenheit entsteht, zeigen sich diese feinen Kommunikationsprozesse bis in die bewusste Empfindung hinein. Es ist in der Folge der Konzentration ein gewisses Ruhig-Werden notwendig, damit der Betrachter die Empfindungen hören oder wahrnehmen kann.

Nicht der schnelle Gedankenblitz, die schnelle Intuition sind ausschlaggebend, sondern wirklich dasjenige, was sich im Stillen der Seele ausdrücken möchte oder man darf sogar sagen, was sich im Stillen aussprechen möchte. Es möchte sich diese Wirklichkeit der Seelenwelt förmlich im Menschen aussprechen. Was geschieht, wenn diese Übung weiter ausgerichtet wird? Es zeigt sich, dass der Tote auf eine Weise aufmerksam wird, dass er sich verbunden fühlt mit demjenigen, der in sozialer Weise seine Fachkunde einbringt. Es zeigt sich ganz besonders jenes feinsinnige Gefühl, das man etwa so bezeichnen kann, wie wenn man sich wieder treffen könnte, treffen könnte nach einer gewissen Zeit des Abschiedes. Die Augen des Toten funkeln förmlich vor Freude. Man nehme das einmal bildhaft, rein allegorisch, rein nach dem, wie das eben gemäß der irdischen Welt vorgestellt werden kann. Es ist ein gewisses Funkeln, ein gewisses freudiges Erwachen gegeben, das daran erinnert, wie wenn wieder die längst vergessenen Heimatgefühle neu in der Seele erwachen würden.

Es ist mit den schönen *ārtha*-Wesen ein Gefühl spürbar, wie wenn man entdecken würde, dass man in Wirklichkeit gar nicht so schwer, so erwachsen geworden ist, wie das im irdischen Leben der Fall ist, sondern dass man doch noch in einem Teil der Seele frei und leicht, also noch ätherisiert, so wie ein Kind hat bleiben können. Dieses Kindbleiben schenkt ein gewisses geborgenes Heimatgefühl, ein Heimatgefühl, so wie das Spielen der Kinder auf der heimischen, warmen Wiese. Es ist ein Gefühl, dass man sich wieder mit den Naturkräften oder mit den fast märchenhaften Geistern des natürlichen Lebens verbinden kann. Dieses Funkeln, dieses freudige, leichte Element, das sich in den Augen verkündet und das wirklich an manche vergangenen, mehr verflossenen, heimatlichen Kindertage erinnert, ist dasjenige, was der Tote spürt, wenn die Fachkunde sich auf natürliche Weise ausprägt und Menschen im sozialen oder freundschaftlichen Miteinander verbindet.

Die Seelenwelt tritt damit auch in ein viel heimatlicheres Zusammenschwingen mit der irdischen Welt ein. Sowohl die irdische Welt atmet sich in leichterer Freiheit und Frische in die Zukunft hinein als auch die nachtodliche Seelenwelt erlebt Erleichterung und nahe menschliche, verbindende Impressionen. Die Seelenwelt übernimmt die lichte Freiheit der irdischen Gefühle. Die Seelenwelt begleitet den Menschen innerhalb dem, was er in seinen Berufswegen oder seinem Miteinander durch gute Pädagogik ausdrücken kann.

Eine andere Frage, die natürlich schon sehr viel schwerer zu beantworten ist, ist die Wirkung dieser errungenen Fachkunde auf die geistige Welt. Die geistige Welt ist freier, geheimnisvoller, mysteriöser. Die Seelenwelt erstrahlt in einem relativ nahen empfindungsvollen Zusammenhang mit der irdischen Welt. Diejenigen Empfindungen, die sich austauschen in der irdischen Welt zur nachtodlichen Welt, zur Seelenwelt, sind gewissermaßen noch wie der Tautropfen spürbar oder sie sind noch bei einem Stillwerden der Seele als wirkliche Wesenheiten zu empfinden. So wie der Einzelne, wenn er einmal an einem schönen Morgentag einen Spaziergang macht, noch förmlich spüren kann, dass noch Geistwesen leben und dass diese Geistwesen im Laufe des Tages sich wandeln, diese Wesen sich förmlich bis an die Peripherie seines Körpers wahrnehmen lassen, so kann auch der Einzelne, wenn er seine Aufmerksamkeit in die nachtodliche Seelenwelt richtet, zu gewissen ersten Graden spüren, dass ein Zusammenhang immer gegenwärtig ist, dass der Tote mit einem bestimmten Gefühl, das förmlich fast wieder bis in das Organische wahrnehmbar ist, mit den Gefühlen des inneren Erlebens mitlebt. Zu deuten ist dieses Gefühl schwierig, aber dass es gegeben ist, das ist zunächst einmal durchaus ohne größere Hellsichtigkeit möglich zu spüren. Es ist wohl nach einiger Zeit der Schulung spürbar, dass sich Empfindungsströme bewegen zwischen jenseitigen Menschen, also körperfreien Dimensionen des Daseins und den feinen Stimmungen des Erdenlebens.

In der geistigen Welt ist es nun nicht mehr so, denn es ist die Empfindung für die geistige Welt gewissermaßen noch viel feiner oder sie lässt sich etwa so ausdrücken, sie ist in einer Ebene, wo man nicht mehr von der Empfindung sprechen kann. Man muss von einer ganz konkreten, ganz klaren Wirklichkeit ausgehen. Die Wirklichkeit der geistigen Welt zeigt sich nun tatsächlich für den Menschen sehr frei, mehr abstrakt und kommt dennoch, wenn der Gedanke und die gesamte Orientierung richtig sind, in einen Zusammenhang des rechten feinsinnigen Erlebens, so dass sich an diesem sehr intensive, aber sehr freie Gefühle zeigen. Die Gefühle sind bei der Seelenwelt außerordentlich inniglich und fein, bei der geistigen Welt sind sie nicht mehr in dieser feinen Abstimmung, sondern sie sind gewissermaßen wie aufgelöst, wie gefühlsenthoben. Sie nehmen sozusagen den reinen schöpferischen Raum ein. Sie sind wie Gefühle, die nun außerhalb des Menschen stehen und weil sie außerhalb des Menschen stehen, können sie intensiv und souverän auf den Menschen wirken, aber sie dürfen nicht mehr als Gefühle gedeutet werden. Sie werden wirklich als Kräfte des Feurigen oder als imponderable Substanzen des wirklichen zündenden, kristallklaren Lichtes erlebt. Dieses ganz klare Wirken von einem Raum, der aus dem Raumlosen erwacht, beschreibt aber mehr das Ergebnis von wirklich richtigen Gedanken bzw. ersten, schon beginnenden Erkenntnisprozessen. Die geistige Welt verkündet sich auf eine gefühlsfreie Weise zum Menschen, sie spricht sich in einer Art der reinen Transzendenz im Geiste des Individuums aus.

Nun ist es so, dass diese geistige Welt auf die Fachkunde ebenfalls reagiert. Eine gute Fachkunde nimmt, das kann einmal auf diese Weise gedacht werden, eigentlich immer etwas vom Menschen hinweg. Sie nimmt eigentlich immer dem Menschen etwas ab, sie gibt dem Menschen keine Bequemlichkeiten für seine irdische Abhängigkeit. Sie äußert jenen moralischen Punkt, den ich schon versucht habe, aufzuzeigen. Ein guter Handwerker, der eine Installation oder eine Sache bewerkstelligt, gibt dem Menschen nicht einen Zusatz oder einen Trost im Erdendasein, er nimmt dem Menschen sogar einen Tropfen des Erdendaseins ab. Das wird euch erstaunen, warum das so ist, aber eine wirkliche, ausreichende weise Berufsentwicklung, eine weisheitsvolle Fachkunde nimmt dem Menschen immer einen Tropfen *karma* ab und transportiert diesen von dem Menschen hinauf in das geistige Reich. Der Prozess der Begegnung macht den Menschen opferfreudig. Eine gute Fachkunde macht den Menschen opferfreudig und irdisch etwas leichter.

Es ist fast gefährlich, wenn diese Gedanken ausgesprochen werden, denn sie sind reiner esoterischer Art, weil sie aus der geistigen Gesetzmäßigkeit herausentwickelt sind. Sie sind aus gewissen Einsichten entwickelt, die man normalerweise nicht ohne weiteres sogleich innerhalb den irdischen Gesetzmäßigkeiten als wahr erkennen kann. Wie verhält es sich bei einer sorgfältigen Beobachtung wirklich? Wenn jemand einmal in der Reife seines Iches und in der intelligenten Dynamik einer Handlung angekommen ist, dann ist er nicht mehr in einem sogenannten organischen Dienen begriffen, dann ist er, wie schon das irdische Bild zeigt, wie ein spielerischer Mensch, er ist viel leichteren Schrittes unterwegs und er trägt in sich Dienst und Freude als Seelensterne. Es gibt ein gebundenes oder organisches Dienen und es kann im Gegensatz dazu ein freies spielerisches und weitaus wacheres organfreies Dienen geben. Das freie Dienen nimmt gewissermaßen vom Menschen einen Tropfen Energie und trägt diesen wieder in die nächste Welt hinüber. Die wahre Fachkunde ist ein Ausdruck von dem sogenannten *karma*-Yoga. Es ist nicht an die irdische Daseinswelt zielgerichtet, sondern an die Fortschrittlichkeit der geistigen höheren Welten.

Was bedeutet ein wahres Dienen oder *karma*-Yoga? Es bedeutet Erlösung, Erleichterung und Befreiung von gebundenen irdischen Sphären. Wie leicht können Missverständnisse erwachen? *Karma*-Yoga ist eine geistige Disziplin. Diese transzendiert die üblichen Abhängigkeiten in der Welt durch ihren Dienst an der göttlichen Weltschöpfung. Die Fachkunde verbunden mit einer charaktervollen Pädagogik öffnet das zunächst so widersprüchlich erscheinende Tor der Begriffe und offenbart ein Ideal für die bevorstehende Zukunft.

Die Wirklichkeit einer guten Fachkunde, die eine Synthese von Geist, Seelenwelt und Materie voraussetzt, also eine Fachkunde, beispielsweise im Sinne einer anthroposophischen Medizin, die von Rudolf Steiner aufgebaut worden ist oder einer Fachkunde, wie wir sie hier mit aller Mühe aufbauen wollen, berücksichtigt diese drei Ebenen. Sie berücksichtigt den Menschen in seiner geistigen, in seiner seelischen und schließlich aber auch in seiner irdischen Wirklichkeit. Nun soll aber die eine Wirklichkeit nicht auf Kosten der anderen eine auszehrende Wirkung zeigen, sondern es sollte die tatsächliche Wirkung so geschehen, dass wieder die rechten Bedingungen, die rechten Möglichkeiten erbaut werden, die den Menschen mehr zum Aufrichten und nicht zum Absteigen bringen.

Gerade diese Wahrheit am Beispiel der Fachkunde verdeutlicht auf dem geistigen Weg, dass der Mensch gleich, was er tut, immer in die Notwendigkeit kommen wird, eine Gabe in die geistige Welt hineinzutragen. *Karma*-Yoga ist ein Ernährungsprozess für die geistige Welt. Dieser Yoga ist nicht dazu organisiert, etwas aus der geistigen Welt zu nehmen und es in die Schlünde der irdischen Versuchung hineinzubringen, sondern das wirkliche Organisationselement des Iches, das erkraftende Wesen der inneren menschlichen Bewusstheit ist gerade so aufgebaut, dass es Bedingungen schafft, die zu einem ganz anderen Aufstieg beitragen.

Es wird beispielsweise dann bei einem Besuch von Patienten, der Arzt wissen, dass die Krankheit eine größere Chance darstellen kann, einen nächsten Entwicklungsschritt zu leisten. Des Weiteren wird der Arzt wissen, dass er dem Patienten gar nicht einmal so viel für die irdische Bequemlichkeit geben darf, geben darf in dem Sinne, dass er eine falsche Aufmerksamkeit hingibt, sondern dass er ihm etwas ermöglichen muss durch seine Präsenz, das eine ganz andere mutige Kraft zum Auferstehen kommt. Ist die Fachkunde wirklich gut, ist es tatsächlich eine Möglichkeit, eine wahre Heilung zu öffnen, in welcher der Mensch aufsteigen kann.

Die Folge des Missionierens und die Bedeutung von Yoga-Übungen auf die irdische, seelische und geistige Welt

Vortrag vom 31. 12. 2007

Nachdem wir einige Tage mit der Fragestellung zu jenen drei Welten von Körper oder materieller Welt, Seelenwelt und Geisteswelt vollbringen haben müssen, ist es nun wohl an der Zeit, diese Fragen mit einigen wesentlichen Bildern zu beantworten.

Für diese Fragestellung war es bedeutungsvoll, dass die Bilder in einen entsprechenden Aufbau kommen. Es wurde bereits mehrfach erwähnt, dass diese Fragestellung zu einer Seelenwelt oder geistigen Welt niemals unmittelbar von dem materiellen Objekt ausgehend direkt in die abstrakte Wirklichkeit gestellt werden kann. Es muss tatsächlich eine Konsolidierungsphase eintreten, die das Objekt oder die Sache ausreichend in die bildhafte Gegenwärtigkeit kreiert.

So war einmal als Beispiel genannt, welche Wirkungen oder welche Einflüsse sich sowohl auf die irdische Welt als auch auf die Seelenwelt und auf die geistige Welt mit dem Tätigsein des Missionierens verströmen. Das Missionieren ist ein Versuch, andere Menschen von einer bestimmten religiösen Stimmung zu überzeugen. Es ist die typische missionarische oder missionsgeprägte Tätigkeit eine sehr äußerliche Bemühung. Man würde niemals von Missionieren sprechen, wenn die Ausrichtung tatsächlich im Inneren der Seele gegründet wäre.

Interessant ist es einmal, wenn das Evangelium studiert wird und dabei viele Textstellen entdeckt werden, die durchaus auf eine Art missionarische Tätigkeit im frühen Christentum hinweisen. Beispielsweise waren der Paulus, seine Schüler wie auch seine Zeitgenossen, z.B. Timotheus oder viele andere, ganz offensichtlich missionarisch tätig. Nun würde sich aufgrund dieser Evangeliendokumente und Apostelgeschichten sehr schnell die Frage aufdrängen: Warum soll dann der heutige zeitgemäße Christ nicht auch missionarisch tätig sein und warum wäre es denn so verwerflich, wenn jemand mit seiner religiösen Überzeugung den anderen ebenfalls für sich gewinnen möchte oder ihm zum sogenannten besseren religiösen Dasein verhilft? Warum zeigt sich gerade in dieser Art des Missionierens, wie das so im Allgemeinen der oberflächlichen Zeit geschieht, ein negatives Kriterium?

Zu der Phase des frühen Christentums muss unbedingt dazu gesagt werden, dass der ganze Mensch in der Substanz des Glaubens gestanden ist und deshalb als Christ erkannt worden ist. Er war nicht ein oberflächlich predigender Mensch, sondern mit seiner ganzen Seele heilsam wirkend auf die Menschen ausgerichtet. Es konnte zu dieser Zeit noch leichter jene Wesenssicht angewendet oder zumindestens in Erfahrung gebracht werden, die eine heilsame Bewusstheit von einer mehr oder weniger nur wortgeprägten, oberflächlichen Bewusstheit unterscheidet. So war es deutlich, dass das sogenannte Sadduzäertum oder Pharisäertum nichts mit dem Christentum zu tun hatte. Der typische Christ war tatsächlich ein von innen heraus Eingeweihter, ein tief bewegter Mensch, da er eine reale Erfahrung über die Mysterien besaß. Das Mysterium erstrahlte unmittelbar über dem Menschen und es wurde deshalb der Begriff des Missionierens oder des Predigens ein tatsächlicher Heilungsakt für den Menschen.

Heute ist aber dieser Begriff gar nicht mehr fassbar. In der modernen Zeit aller oberflächlichen Bekenntnisse kann gar nicht mehr unterschieden werden, ob es sich nun wirklich um eine intensive, innere Erfahrung handelt, die der Einzelne in sich trägt oder ob er nur ein äußeres Bekenntnis, das er einmal innerhalb der Zeitumstände als wahr angenommen hat, ablegt. Es ist also ein recht großer Unterschied von jenem Menschen, der in sogenannter Weise in den Mysterien lebt und in diesen bis hinein in seine Denk- und Gefühlsprozesse gegründet ist oder ob jemand äußerlich den Glauben besitzt und aufgrund dieses äußeren oder oberflächlicheren Bekennens seine Mitmenschen ebenfalls zu einem Bekenntnis oder zu einer Zustimmung bewegen möchte.

Wenn jener Mensch nun in eine kontemplative Betrachtung rückt und mehr jenes Bild des sogenannten Überzeugenwollens, des Überzeugenwollens eines anderen auf der Grundlage einer reinen äußeren Bekenntnistheorie konstruiert wird, wenn eine missionierende Persönlichkeit oder eine in diesem Sinn sogar suggestivierende Ausrichtung einmal genau genommen aufgebaut und im Bild geschaffen wird, so spricht es gewissermaßen schon die erste Wesensnatur innerhalb den Gefühlsbedingungen des Daseins aus. Das Erbauen eines Bildes ist so wichtig, da eben der Einzelne ausgehend von der bloßen Fragestellung nicht eine Hellsichtigkeit oder eine Art Erkenntnis finden kann, sondern weil er sich nun mehr in die verschiedenen Dimensionen der geschaffenen We-

senheiten hineinlebt und in diesen die Gefühle zur bewussten unter-
scheidenden Erfahrung erlebt.

Des Weiteren ist es eine ganz wertvolle, formbildende Kraft, die sich im
Denken etabliert, wenn der Einzelne Bilder erschafft, die er dann weiterhin zu seiner Erkenntnistätigkeit nützen kann. Gelingt es, jene adäquaten
Bilder gut zu erschaffen, die Klarheit des Gedankens praktisch anzuwen-
den und formgeprägte, möglichst reale Gefühle mit diesen zu erzeugen,
dann wirkt diese erste Tätigkeit bereits schon einmal sehr günstig auf den
Ätherleib, wie es schon ausgesprochen wurde, aber es wirkt mit der Zeit
das geschaffene Bild auch bis hinein in die physische Struktur. Indem zunächst einmal eine Wirkung in dem Sinne entsteht, dass das Wesen geschaffen wird, das heißt, dass durch denkende, fühlende und willentliche Tätigkeit eine Situation bildhaft erzeugt wird, steht dieses geschaffene Wesen
nicht nur allgemein zur Betrachtung frei zur Verfügung, sondern es wirkt
immer auch auf den Menschen zurück und es wirkt so zurück, dass es mit
der Zeit sogar bis in den physischen Leib hineinwirken und den physischen
Leib prägen kann.

In einer etwas genaueren Betrachtung, ganz besonders in Verbindung mit
einem kleinen medizinischen Erkenntnisschritt, kann nämlich gesagt werden, wie diese schaffende Kraft, die man zur Vorbereitung der Erkenntnisbildung ausübt und die eine formbildende Kraft ist, die sich innerhalb der Konsolidierungsphase ausdrücken kann, eine günstige Ordnung in die Leiber
hineinbringt und das Wesen des Eiweißaufbaues und des Eiweißabbaues
positiv beeinflusst. Je mehr diese Art des Denkens in der Vorbereitungspha-
se zur Erkenntnisbildung ausgeprägt wird, desto mehr bereichert, belebt,
ordnet oder stabilisiert sich die Eiweißbildekraft im Menschen. Es entwickelt sich auf dieser Grundlage eine günstigere Gesamt-Urbildeerkraftung,
das heißt eine günstigere Formerkraftung im Menschen. Diese günstigere
Formerkraftung im Menschen, die mit der eiweißbildenden Tendenz zu-
sammenhängt, ist wie schon in einer kleinen Andeutung angeführt wurde, wesentlich verantwortlich für die moralische Erkraftung des gesamten
Menschen.

Zum Aufbau dieses Bildes stelle sich der Geistschüler einen Menschen vor,
der auf der äußeren Ebene ohne wirkliche tätige Tiefenerfahrung den anderen von einem Bekenntnis oder von einer bestimmten religiösen Stimmung überzeugen möchte. Er stelle sich die Situation ganz lebendig vor,
wie der einzelne Mensch auf den anderen zugeht, wie sich das Verhältnis
des Dialoges entwickelt, wie sich durchaus die Gesichter in ihrer Mimik
entfalten, wie der Einzelne, der überzeugen möchte, zu dem anderen in

Beziehung tritt und wie der andere eventuell auf die eine oder andere Weise reagiert. Es wird jedenfalls bei der Konstruktion eines realistischen Bildes deutlich, wie sich für das Miteinander-Umgehen, für das In-Beziehung-Treten eine antipathische Sphäre zeigt. Es muss ein außenstehender Betrachter, der nach neutralen Kriterien eine missionarische Aktion beobachtet, die mit jener suggestiven Überzeugungskraft eintritt, immer antipathisch fühlen. Sicher ist es eine Voraussetzung, dass der neutrale Betrachter noch ein gesundes Gefühlsleben besitzt, ein etwas erzogenes und gesundes Gefühlsleben, damit er zu diesem Eindruck kommt.

Es ist deshalb tatsächlich nach der reinen ästhetischen Betrachtungsweise und nach der Art, wie die Dialogführung stattfindet, immer ein mehr antipathisches Gefühl vorhanden. Es kann nun derjenige, der überzeugen möchte, geschickter sein und psychologische Anwendungen in seine Taktik einführen oder es kann derjenige, der eben den anderen zum Bekenntnis herausfordert, tatsächlich sehr plump, auf sehr forscher, nur rein äußerer Diskussionsebene antreten. Es kann beispielsweise das Wesen der Angst mit in diese Bekenntnisüberzeugung hineingeführt werden oder es kann der Einzelne sagen: „Weißt du, im Evangelium steht das Gesetz geschrieben und deshalb musst du dich dem Christus hingeben." Es ist einerlei, wie der Einzelne seine Theorien zur Überzeugung darlegt. In der ästhetischen und menschenwürdigen Beurteilung der irdischen Situation zeigt sich eine gewisse unangenehme Stimmung. Man kann sie nur als antipathisch oder unangenehm bezeichnen.

In der irdischen Welt ist es deshalb nicht ganz zu verdenken, wenn jemand mit einem missionarischen Versuch an einen anderen herantritt, dass das Gegenüber sogleich antipathisch reagiert und zu flüchten beginnt. Man bräuchte sich wohl bei genauer Überlegung nicht zu lange jenen eigentümlichen Predigten und Überzeugungsversuchen aussetzen und Demut beweisen, indem man jemandem in seinen äußeren Überredungskünsten folgen müsste.

Weiterhin kann, nachdem die irdische Situation als solche erkannt worden ist, die Fragestellung dahingehend ausgerichtet werden, wie die seelische Welt auf die missionarische Absicht reagiert. Wie fühlt sich denn das Totenreich, wenn Menschen ihre Bekenntnisse immer anderen aufzwängen wollen? Wie wirkt ein typisches Überzeugungsgespräch für denjenigen, der bereits im Jenseits ruht, der seinen physischen Körper abgelegt hat?

Indem diese Fragestellung in die Mitte rückt, wird nun ganz naturgemäß ein nächst höherer Empfindungsschritt erzeugt. Derjenige höhere Empfindungsappell, der nun mehr die feineren Ebenen des Daseins berührt, ist eine doch schon sehr signifikante, fast magnetische Bewegung des wirklichen Aufmerksamseins. Es entsteht mit dieser Frage an das Totenreich, ein gesteigertes Interesse im Sinne eines Aufmerksamseins für die wirklichen näheren Bilder des Lebens. Wie fühlt das seelische Sein, das ganz typisch seine Entkörperung oder seine Ausdrucksgebung im Totenreich besitzt? Wie fühlt die Seele ihre stille Anteilnahme an der Mission?

Man kann sich wieder ganz lebendig in die Situation gemäß des geschaffenen Bildes hineinversetzen und nun längere Zeit diese Fragestellung auf sich wirken lassen. Wie wird sie sich auflösen? Wie wird sie sich in ihrer ersten Antwortbereitschaft verkünden? Wie wird dieses Bild, das vom Irdischen ausgehend geschaffen wird, nun von der Seelenebene eine neue Antwort finden? Wie wirkt sich dieses geschaffene Bild nun tatsächlich auf diese nächsthöhere Welt aus und wie werden diese höheren Welten, das heißt diese Seelenwelten darauf reagieren? Wie werden sie dieses irdische Bild empfinden?

Diese Fragestellung ist außerordentlich interessant, denn sie setzt eine feine Spannung frei, so dass der Einzelne dabei merkt, dass bereits schon mit der Fragestellung ein gewisser Zusammenhang zu jenen nächsthöheren kosmischen Daseinsformen entsteht. Er merkt förmlich, dass der Tote daran interessiert ist, solche Fragen zu erhalten und des Weiteren merkt er, wenn diese Übung aufgebaut wird, wie sich neue Möglichkeiten einer tatsächlichen zusammenhängenden Stimmung ergänzen wollen. Er baut deshalb dieses Bild auf, hält es in der Konzentration und intensiviert es bis zu einer wirklichen Klarheit. Die Antwort kommt von selbst. Was spürt der Übende? Er wird spüren, wie sich der Tote fast etwas aus dem Kosmos heraushebt, wie er fast nähertreten möchte, wie er aus dem Verborgenen immer näher herbeikommen möchte und seinen Kopf hervorstreckt – man muss es, auch wenn es sehr allegorisch gesprochen ist, so nehmen, dass er nun gewissermaßen seinen Kopf hervorstreckt, auch wenn er keinen Kopf mehr hat – mit seinem Blick auch zu jener geschaffenen Gestalt hinschauen wird und dabei in diesem Blick einen ganz bestimmten Ausdruck tragen wird.

Wenn der Übende diesen Ausdruck vernimmt, der aus dem Totenreich herausspricht, wirkt sich dies etwa so aus, dass man sagen kann, es ist der strafende Blick des Toten. Der Tote möchte mahnen bis hin zu strafen. Er sagt sich: „Tu, das nicht. Lasse diesen Unsinn." Er erwacht förmlich aus dem stillen Hintergrund und wie man oft sagt, die Toten stehen plötzlich auf, sie erheben sich noch wie aus dem Grabe, wie wenn der Tote noch einmal näher in das Leben hereinschauen und sagen möchte: „Tu das nicht. Ich mahne dich, ich warne dich. Für diese Tat liegt eine gewisse Strafe vor, wenn du immer das Evangelium oder diese geistigen Welten zitierst, sie unbedingt dem anderen nahelegen möchtest, so liegt damit etwas vor, das mich schmerzt und mich förmlich zum Auferstehen weckt. Ich will dir aus meinem Wissen und Gewissen sagen, es verdient eine Strafe, wenn du immer andere missionieren willst." Auf diese Weise beginnt sich der Tote zu regen.

Es ist ganz interessant, wenn man sich dabei ertappt, dass man gerade seinen Freund unbedingt überzeugen möchte oder wenn man in der Partnerschaft noch nicht ganz in der Zielorientierung, in einem vernünftigen Gespräch angelangt ist und dann doch unbedingt den anderen für sich und seine Welt gewinnen möchte. Es ist wirklich interessant, wenn man sich einmal vergegenwärtigt, wie es denn den Verstorbenen und den Nächsten, die sich im Umkreis der Seelenwelten befinden, gehen wird. Dann wird man förmlich spüren, wenn man den anderen durch psychologische Machenschaften gewinnen möchte, dass dann der strafende oder warnende und mahnende Blick des Verstorbenen hereinblickt.

Indem man auf diese Weise fühlt, beginnt man mit der Zeit das Leben viel intuitiver, viel lebendiger und viel empfindsamer auch gegenüber seinen Mitmenschen auszudrücken. Man gewinnt gerade durch diese Vorstellungen eine zunehmend wachsende Beziehungsaufnahme zu seinen Nächsten und des Weiteren wird das Einfühlungsvermögen in die Gefühle der Außenwelt gestärkt. Jene Übungen sind deshalb, wenn sie von der Konsolidierungsphase bis hin zur Intensivierungsphase aufgebaut werden und zwar mit einer guten Formbildekraft und einer ruhigen ernsthaften Konzentration begleitet, sehr wertvolle Übungen, die das Miteinander-in-Beziehung-Treten stärken.

Auf der dritten Ebene kann nun die Fragestellung auf den Geist bezogen werden. Wie verhält sich die schöpferische Welt, wenn nun wieder jenes erzeugte Bild gegenüber der geistigen Welt dargeboten und die Konzentration darauf ausgerichtet wird? Nun ist es schwieriger, wenn diese Frage in Beziehung zur geistigen Welt beantwortet wird. Es ist wohl mehr an die Antwort von meiner Seite gebunden. Die geistige Welt wird nicht gerade besonders erzürnt sein, wenn heute jemand missioniert, sondern die geistige Welt wird eher im Gleichmut verweilen und wird entgegnen: „Das, was du da unten vollbringst, das hat wirklich wenig mit mir zu tun. Du kannst dich anstrengen, aber für meine Welt ist deine Mühe vergeblich. Weil es gar so sehr unbrauchbar ist", sagt gewissermaßen die schöpferische Wirklichkeit, „sollst du in deiner Mühe alleine bleiben. Wenn du schon die anderen immer missionieren und gar so überzeugen möchtest, dann lass ich dich mit deinen Gedanken und Überzeugungen allein. Einen wahren Anschluss an Gottes Gerechtigkeit wirst du mit Sicherheit nicht auf deine geschäftige und eitle Art finden." Die geistige Welt ist noch sehr gelassen bei der Missionstätigkeit. Man kann sich förmlich dem Bild hingeben, wenn man sich dabei ertappt, dass man den anderen unbedingt überzeugen möchte, dass man die Wirkungen des verschlossenen Himmels erspürt. Es kann sich der Übende zu der Gewohnheit erziehen und spüren, wie die Gedanken nutzlos auf das Eigene zurückwirken und wie diese nur eine Unruhe im eigenen Wesen erzeugen und schließlich eine Verschwendung wertvollster Zeit veranlassen. Missionen verhindern die geistige Entwicklung.

Nun hatten wir die ersten drei Beispiele. Wie wirkt das Wesen des Missionierens auf die irdische Welt, wie wirkt es auf die Seelenwelt und wie wirkt diese so geschaffene, oberflächliche, überzeugende religiöse Stimmung auf die geistige Welt? Es kann nun sogleich das nächste Beispiel begonnen werden.

Wir hatten uns vorgenommen, eine typische *āsana*-Übung in die Betrachtung zu nehmen. Diese *āsana*-Übung sollte nach den Möglichkeiten des spirituell-mentalen Pfades in eine Gestaltung kommen. Nun kann sich jemand eine Übung vornehmen, beispielsweise den Skorpion, wie er in der Gesamtheit des Vollzuges auszuführen ist und mit welchen Gedankeninhalten er begleitet werden soll. Es wird für den spirituell-mentalen Pfad, um das Bild in einigen wenigen kleinen Zügen zu beschreiben, sehr essentiell genommen, dass die Übung nicht nur auf der Körperstufe ausgeführt wird, sondern dass sie sogar mit ganz wesentlichen Gedankenimpulsen, mit konkreten Gedanken begleitet wird. So vollbringt jemand, wenn er eine Übung, selbst eine schwierige Übung praktiziert, sie nicht nur allein durch die gymnastische Trainingsaktion, sondern studiert sie in allen Phasen, praktisch und mental, indem er sich ein Bild von der Übung, von der Vollendung oder von der erstrebenden Stellung aneignet und gleichzeitig dieses in seiner Bedeutung hinterfrägt.

Beim Skorpion, *vṛścikāsana*, ist es beispielsweise wesentlich, einmal die äußere körperliche Gestik zu beachten. Der Skorpion ist durch einen aufgerichteten ganzen Halbmond gekennzeichnet. Auf sehr feine Weise balanciert der Einzelne auf den Unterarmen, der Kopf hebt sich leicht empor, die Schultern heben sich wie getragen heraus, so dass sie nicht zu weit nach unten einknicken. Der Körper schwebt förmlich im aufgerichteten Halbmond. Diese Ausrichtung der äußeren physischen Stellung ist ein-

vṛścikāsana - der Skorpion

mal mit jenem Sinnbild begleitet, dass der Körper in einer zwar sehr akrobatischen Position gehalten wird, der Körper aber gleichzeitig durch das Balancieren und durch das ganz feine Abgestimmtsein des umgekehrten Halbmondes ein Gefühl des irdischen Leichtseins oder der irdischen Losgelöstheit erfährt. Zugleich ist das Hinterhaupt in einer ganz bestimmten Positionierung. Das siebte Zentrum wird auf diese Weise angesprochen. Der Einzelne erlebt ein Erdlosgelöstsein in einer ganz sensiblen Art der Aktivierung. Diese Aktivierung erscheint geordnet, klar geführt und souverän. Indem diese Aktivierung von Körper, Gefühl und Gedanke aufgebaut wird, entsteht ein ganz neues Ordnungsprinzip, das über den Körper seinen Ausdruck erhält.

Dieses Ordnungsprinzip ist durchaus auch eine Angelegenheit des Herzzentrums, da aber die Aktivität nun feiner – weniger gymnastisch und nicht nur antrainiert – abgestimmt werden muss und ein Balancieren gewissermaßen im kosmischen Raum entsteht, erregt sich im Innersten der Empfindungssinn für das Wärmeelement. Das Saturnische wird damit im Menschen angeregt. Indem nun diese Gedanken ergründet und geprägt werden und eine Übung in diesem feinen Balancevermögen auf entsprechend gegliederte Weise ausgeführt wird, entsteht eine Wirkung. Diese Wirkung kann bezogen auf die irdische Welt wieder in die solide Betrachtung rücken. Schließlich kann die Frage gestellt werden: Wie wirkt diese Übung, wenn sie mit diesen Gedanken, mit diesen Inhalten und eventuell auch mit einigen Forschungsaspekten begleitet wird, auf die Seelenwelt? Wie wird schließlich die geistige Welt auf eine spirituell-mentale Körperübung antworten?

Auf die irdische Welt wirkt dieses feine Abgestimmtsein und sorgfältige Umsetzen von Mentalität und Körperlichkeit allgemein sympathisch. Ganz besonders wirkt bei der äußeren sinnlichen Betrachtung, das heißt bei der Betrachtung mit gesunden Augen, die Stellung rückwirkend sehr klar und sehr konkret. Sie besitzt vom Bild oder ihrer Expression her gesehen keine wolkenartigen Bewusstseinseindämmungen und sie besitzt in keinster Weise so etwas wie eine Trance oder ein Selbstversunkensein. Sie ist sehr klar, präsent, gegenwärtig und des Weiteren zeigt sie sich in einer gewissen Geordnetheit.

Gleichzeitig bemerkt man normalerweise bei der Ausführung einer anspruchsvollen Übung, wie es *vṛścikāsana*, der Skorpion, ist, das Wesen des feinen Willens, wie er sich mit klarer Konzentration und feiner Abstimmung für die Balance in ein Gesamtes einfügen lernt. Es kann normalerweise bei dieser Ausführung, wenn sie schon einigermaßen gelingt, nur ein sympathisches Bild, das heißt ein angenehmes, geordnetes, anziehendes, fast faszinierendes Bild entstehen. Das ist der Eindruck, der auf der irdischen Ebene ersichtlich ist. Die Übung offenbart nicht etwas Verschwommenes oder Versunkenes, sondern etwas Klares und Konkretes. Sie wirkt gewissermaßen sogar licht. Es zeigt sich, wenn die Übung unbefangen betrachtet wird, mehr der lichte Charakter im Sinne des Körperausdruckes.

Nun wird es wesentlich, die Frage zu stellen: Wie wird der Tote auf die edle Ausführung des Skorpions reagieren? Wie wird die kosmische Welt ihren stillen Anteil nehmen und an dieser irdischen Übungsaufbereitung teilnehmen? Interessiert sie sich überhaupt dafür oder lässt sie sich gar nicht so sehr beeindrucken? Bleibt sie während der Ausführung in einem Verhältnis des Unbeteiligtseins oder des Uninteressiertseins? Es könnte beispielsweise jemand die Frage stellen: Es handelt sich um eine Körperübung und gerade weil es sich um eine Übung innerhalb der Materie handelt, kann sich das Seelenleben wohl gar nicht dafür interessieren, denn das Seelenleben interessiert sich doch, wie wir gehört haben, nur für die feineren Umstände, aber nicht für die körperlichen Bedingungen. Diese Fragestellung sollte aber gar nicht zu weit in die Komplikation rücken, denn es handelt sich nicht um eine ausschließliche Körperübung, sondern um eine Ausdrucksgebung der Seele über die Körperübung. Es handelt sich deshalb mehr um eine künstlerische Offenbarung bei der *āsana*.

Die Seelenwelt nach dem Tode, das heißt die Toten interessieren sich sehr wohl und ganz besonders für diese Art des Übens. Gewissermaßen ist sogar diese Art Übungsweise aus den Stimmungen der Seelenwelt nach dem Tode herausentwickelt. Es ist sogar in der Begründung dieser ganzen Übungsweise die Stimmung mancher nachtodlicher Erkenntnisse enthalten. Die Übungen sind mit ihren Gefühlen aus der nachtodlichen Seelenwelt herausgelesen. Die Seelen interessieren sich für diese Übungen, sie lauschen, sie horchen, sie wollen beim Lernen anwesend sein, sie wollen förmlich in der Berührung des Umsetzens der ganzen Übung partizipieren. Sie wollen teilnehmen, sie sind wirklich im Lauschen zu den Umständen begriffen. Sie treten deshalb schon bei geringfügiger Mühe näher in die Beziehungsaktivität der Übungsdisziplin ein.

Im Sinne der geistigen Welt, der höchsten Ebene des Daseins, wenn wir sie einmal ganz allgemein zusammengefasst nehmen, ist wieder ein anderer Umstand tätig. Im Sinne der geistigen Welt zeigen sich diese Gefühle, die durch die mentale Bereitschaft und durch das ausdifferenzierte Handhaben der Übung aufgebaut werden, in einem ganz besonderen ordnungsgebenden Sinn. Die geistige Welt setzt als Antwort unmittelbar eine Ordnungstätigkeit wieder zur irdischen Welt hin frei.

Praktisch gesehen heißt das, derjenige, der nun auf diese Weise übt und sich einigermaßen offen mit seiner Seele den höheren Welten gegenüber ausrichtet, der einigermaßen einen Sinn in sich erweckt für das, dass wirklich höhere Dimensionen des Daseins als die irdische Welt existieren, für den ist es spürbar, dass diese Übungsweise schon unmittelbar beim Tätigsein eine Ordnung auf das Eigene zurückspiegelt. In der Regel ist es noch nicht so, dass die höheren Welten sogleich eine ganz große Substanzerkraftung oder gar schon eine vollständige Erlösungsentwicklung erfahren, sondern es ist mehr, dass diese Ordnung, die das Irdische innerhalb der Seelen- und Bewusstseinsbildung entwickelt, nun auch ordnend auf die geistige Welt einwirkt und die Ordnung unmittelbar zu dem Menschen zurückkehrt, so dass der Einzelne oder seine Angehörigen eine herabkommende feine Andeutung von Eingeordnetsein verspüren. Diese Einordnungen ermöglichen schließlich eine Grundlage für das soziale irdische Dasein. Die Einordnung zeigt sich schließlich dann als eine günstige Voraussetzung für jede weitere Übungsdisziplin im Sinne der Meditation oder im Sinne weiterer bewusstseinsaktiver Fragen.

In diesem Sinne wirken die verschiedenen Umstände des Daseins, das heißt verschiedene Aktionen oder Übungen auf die Welten, sowohl auf die irdische Welt, auf die Seelenwelt als auch auf die geistige Welt. Es kann davon ausgegangen werden, dass jede Tat, jeder Umstand, der durch den Menschen kreiert wird, auf die nächsthöheren Welten eine Einwirkung hat. Je günstiger und besser der Mensch sich über die tätige Schaffenskraft einbringt, umso lebendiger kann erwartet werden, dass sich dadurch der Zusammenhang zu den nächsthöheren Welten intensiviert. Sicher muss ein gewisses moralisches Motiv den Menschen bewegen, damit auch der wirkliche Zusammenhang zu der Seelenwelt und den geistigen Welten hergestellt werden kann. Es ist aber eine ganz wesentliche Aufgabe für die Zukunft, dass sich derjenige, der einen geistigen Schulungsweg begeht, immer wieder diejenigen Fragen stellt, die kritisch zur Selbstprüfung ausgerichtet sind. Er muss sich die Fragen immer wieder vor die Seele rücken: Wie wirkt beispielsweise eine Handlung auf die Seelenwelt nach dem Tode? Wie wirkt diese auf die nächsten Welten? Wenn ich dies oder jenes im Leben vollbringe, erschaffe ich Aufbau, Heil und Freude oder Verlust und Verminderung? Wie wirkt die Handlung im ästhetischen Sinne auf die irdische Welt? Wie wirkt sie auf die Seelenwelt? Wie kann es gedacht oder erfahren werden, wie die Tat sich in die geistige Dimension eingliedert?

Indem diese Fragestellungen eine gewisse Berücksichtigung im Leben erhalten und sie bald zu einem guten oder klaren Baustein werden, zeigen sich mit der Zeit sehr schnelle Entwicklungsfortschritte. Es soll nicht nur der irdischen Welt das alleinige Gehör gegeben werden, der Einzelne soll nicht nur versuchen, allen Autoritäten in der irdischen Welt eine Berechtigung zu geben, sondern er soll tatsächlich immer mehr den Aufstieg erringen und erfahren, wie ein ganzes Leben neu geordnet wird, wie es wirklich dargebracht und an die nächsthöheren Welten hingegeben werden kann.

Wenn jemand von Hingabe spricht, dann ist die Hingabe vielleicht in ersten Zügen dahingehend zu verstehen, dass sich der Übende einmal den Schriften hinwendet, sich einer bestimmten Disziplin widmet und sich in verehrenden Gefühlen übt. Mit der Zeit aber erwachen zunehmend weitere Fragen. Die bloße Hinwendung und Entwicklung von verehrenden Gefühlen kann noch nicht die Antworten für die Seele geben. Es entstehen dann die Bedürfnisse, die Fragen zu intensivieren und diese wirklich an die geistige Welt zu richten. Damit sie aber auch in eine Antwort finden können, muss als eine erste Grundlage eine schaffende formbildende Tätigkeit eintreten, das heißt es müssen geeignete Umstände geschaffen werden, damit sich die geistigen Welten näher zu dieser irdischen Welt hingesellen. Der Aufbau einer ordentlichen Konsolidierung bzw. eines wirklichen guten Bildes, das die Umstände beschreibt, um die es sich handelt, ist ein erster grundsätzlicher Ansatz, der dieser Erfahrung für die Zukunft nützen kann. Es ist also ganz wesentlich, wenn in diesem Sinne einmal die Arbeit erfolgt, dass eine kritische Selbstprüfung in Form von einer ganz lebendigen praktischen Gedanken- und Gefühlstätigkeit eintritt.

Noch einmal darf zum Nachdruck hinzugefügt werden – sicherlich ist es kein Schaden, wenn es wiederholt ausgesprochen wird – nicht der irdischen Welt soll man es recht machen, sondern man soll immer mehr den Mut aufbringen, zu dem hinzutreten, das wirklich im Innersten des Seelenbedürfnisses liegt und zu dem mehr praktischen Bezug aufzunehmen, was das wirkliche Selbstbewusstsein erfordert. Das Selbstbewusstsein des Menschen ist am tiefsten und glücklichsten erfüllt, wenn es einen Beitrag für die geistigen Welten geben kann. Man kann manche Menschen, die tief religiös gefühlt haben, nur verstehen, wenn man weiß, dass es gewisse Taten und Aktionen gibt, die die geistige Welt ganz besonders erfüllen und bereichern. Wenn sich beispielsweise jemand in einer Pflicht oder in einer unmittelbaren selbstvergessenen Aufgabenrichtung geübt hat und sogar bis zum Erliegen des Leibes den Glauben und die Ausdauer bewahrt hat, so haben sich eventuell gerade aufgrund dieses Opfers die geistigen Welten erfüllt und das Selbstbewusstsein kann sich aus seiner eigenen Tiefe erheben.

Ein kleine Geschichte kann ich Euch zu diesem Thema erzählen:

Die Fabel von dem Vater, dem Sohn und dem Esel

Einst ging ein Mann mit seinem Sohn zum Markt. Er nahm seinen Esel mit und ritt auf ihm; sein Sohn ging nebenher. Da begegneten ihnen Leute, die verwundert sprachen: „Wie kann der Alte reiten und das Kind laufen lassen? Er sollte besser selber gehen und das Kind aufsitzen lassen." Der Alte richtete sich nach diesen Worten und ließ seinen Sohn reiten. Sie begegneten zwei Männern, und der eine sagte zum andern: „Der Alte ist ein Narr, daß er selbst läuft und den Knaben reiten lässt." Nun setzte sich der Vater zu seinem Sohn auf den Esel. Als sie wieder Leute trafen, sagten die: „Um Gottes willen, die beiden reiten den Esel zuschanden!" Nun stiegen beide ab und liefen neben dem Esel her. Da kamen Männer und Frauen und sagten: „Schaut diese Torheit: da läuft der alte Mann mit seinem Sohn, und den Esel lassen sie ledig gehen!" Da sprach der Vater: „Wir wollen nun beide den Esel tragen; ich möchte wissen, was die Leute dazu sagen." Sie banden dem Esel die Beine zusammen und trugen ihn auf einer Stange. Die Leute sagten: „Man sieht, dass beide Narren sind." Da seufzte der Alte und sprach zu seinem Sohn: „Wie wir es auch gemacht haben, keinem war es recht. Darum rate ich dir, immer das Richtige zu tun; dann wirst du selig werden." Wer in Ehren bestehen will, soll sich durch Gerede nicht irre machen lassen. Was man auch Gutes tut, der Welt ist es nicht gut genug.

Derjenige, der diese Geschichte erzählt, wollte damit sagen, der Welt könnt es ihr sowieso nicht recht machen. Wer es der Welt so gerne recht macht, entfernt sich aus seiner Mitte und verliert sich im Nichts.

Inkunabeldruck aus dem Jahre 1462

Wie wirkt die Zustimmung zur geistigen Pflichterfüllung auf die irdische, die Seelenwelt und die geistige Welt?

Vortrag vom 01. 01. 2008

Das Jahr 2008 wurde von meiner Seite wohl nicht gerade besonders willkommen begrüßt. Gestern jedoch sagte ich, dass es ganz wesentlich sei, sich nicht von jenen Prophezeihungen, beziehungsweise astrologischen Vorgaben oder von dem Einwirken jener bekannten negativen Mächte, die die Zeit, die Wirtschaft und die sozialen Bedingungen plagen, abhängig zu machen. Durch die vorzügliche Anlage des einzelnen Menschen, die durch das Ich und des damit verbundenen freien Willens repräsentiert ist, kann in jeder Minute eine neue und unabhängige Bewusstseinsdimension kreiert werden, die dem gesamten Leben ein edles und weit gefasstes Beispiel gibt. Es wäre deshalb eine eigentümliche Vorstellung, wenn jemand sagen würde, dass jene so vielschichtigen negativen Mächte, die in der Zeit wirken, zum unausweichlichen Schicksalsschlag werden müssen.

Sicherlich ist es nicht unbedingt zu leugnen, dass der Zeitgeist mit all seinen nervösen, unzusammenhängenden und unsoliden Aktionen eine tatsächliche Anforderung und Herausforderung an den Menschen stellt, die ihn nicht recht zur Ruhe kommen und ihn auch nicht in seine Behäbigkeit eintreten lassen. Es ist vielmehr der Umstand gegeben, dass dieser Zeitgeist den Einzelnen zu einer immer wieder ganz ungewollten, eigentümlichen und unsicheren Herausforderung drängt. So liegt zunächst die äußere Zukunft, die mit dem Jahresanfang nun ganz neue Akzente annehmen wird, in den Händen der wirtschaftlichen und politischen Weltenbewegung. Die Zukunft darf aber auch in den Möglichkeiten des eigenen Selbstes gedacht werden. Wie wird sich dieses eigene Selbst zu einem Ganzen in Beziehung bringen? Wie wird das Denken, das Fühlen, das Wollen zu dem Zeitgeist aufgebaut? Wie werden jene Möglichkeiten genützt, die für die Spiritualität und für eine spirituelle Schulung ganz wesentlich sind? Wie kann trotz aller widrigen Umstände ein Beitrag geschehen, der notwendig ist für die geistige Welt? Indem diese besonderen und individuellen Fragen viel mehr in die Mitte rücken, kann langsam die Möglichkeit eines Wandels oder einer ersten grundsätzlichen Transformation eintreten.

Erinnern wir uns einmal an die Erzählung der Bhagavad Gītā. Die Bhagavad Gītā beginnt mit einer Schilderung über den verzweifelten Arjuna, der trefflicherweise als *viṣidantaḥ*, als der so Verzweifelte, bezeichnet wird, der sich in seinen Kampfwagen zurücksinken lässt, als er die beiden gegenüberstehenden Heere sieht. Es wird zunächst am Anfang eine ganz spannungsgeladene, dramatische Situation in der irdischen Welt geschildert, mit der dann die Erzählung des Gespräches zwischen Arjuna und Krishna beginnt. Schließlich aber wird jenes *kurukṣetra*, jenes Kampffeld der irdischen Anforderungen verlassen und nur noch als Anlass und Hintergrund für die Schilderung des Yoga genützt. Jene schönen Phasen der Weltenbeschreibung im Sinne einer vedischen Philosophie oder ersten *vedānta*-Expression und auch die Lehren von Reinkarnation und *karma* und schließlich sogar die ganze Höhe, die durch Yoga erreicht werden kann, bilden den entscheidenden Kernpunkt und auch Schlusspunkt der Bhagavad Gītā. Der Blick erfolgt in dieser philosophisch-geistigen Schrift nicht auf den Ausgang des irdischen Kampfes, sondern nur noch auf das, was in der Seele des Menschen, in diesem Fall also in der Seele des Arjuna, des Schülers, erwachen kann. In der Bhagavad Gītā wird man nicht einmal erfahren, ob der Kampf positiv oder negativ für Arjuna ausgegangen ist, sondern man erfährt nur noch die Möglichkeiten, die daraus im Sinne des Yoga oder der geistigen Entwicklung geboren worden sind.

In diesem Sinne ist unsere Bemühung ausgerichtet, dass einerseits zwar die dramatischen Situationen der Weltentfremdung registriert werden und auch die verschiedenen Bewegungen des Zeitengeistes weise und erkenntnisfreudig erfahren werden, aber andererseits kein Stehenbleiben an diesen Umständen erfolgt. Vielmehr wäre es wirklich wünschenswert, wenn sich alle Kräfte gewissermaßen zentrieren – wie es auch im Sinne des Feuerelementes der Fall ist – nach oben zentrieren, also dass sich der Übende auf dem Pfade mit den Gedanken auseinandersetzt, die ihn wieder „lang" machen für die geistige Welt, „lang" in dem Sinne, dass er erlebt, wie er sich etwas heraushebt in die Vertikale und er schließlich der Horizontalen nun mit erhobenen, klaren und konkreten Augen gegenübertritt. Er begibt sich nicht wirklich in das Verhängnis des horizontalen Daseins, sondern er hält das Haupte in allen Phasen aufrecht.

Diese Ausrichtung sollte grundsätzlich eine Haltung sein, die der Schüler auf diesem Schulungsweg pflegt. Er muss sich auch vergegenwärtigen, wenn er diesen Pfad pflegt, dass er wohl durch keine Maßnahme in der Welt wirklich vor seiner selbst, vor dem Zeitgeist und vor allen Konsequenzen des Kosmos und des Schicksals ausweichen kann. Er muss sich mutig, indem er in ein Selbst eintritt, mit den Selbstbedingungen des Daseins konfrontieren. Das Eintreten in ein Selbst, das heißt in ein Realitätsbewusstsein, in ein geistiges und seelenvolles Realitätsbewusstsein, führt auch dazu, dass durch das Selbst und das Bewusstsein alle Umstände und Bedingungen weitaus konkreter, wahrer und lebendiger angenommen werden können. Das Eintreten in ein Selbst oder in ein Realitätsgefühl, das der Yoga oder die Spiritualität verlangen, ist immer auch mit einem zusätzlichen Wachwerden für die sozialen und zeitbedingten Realitätsformen verbunden und darf niemals als eine Art Flucht oder als ein Ausweichen vor Konsequenzen gesehen werden.

Jene Frage, die nun vorgestern gestellt wurde und die bis zum heutigen Tage noch keine vollständige Beantwortung erfahren hat, erscheint gerade am Jahresanfang so wertvoll, da sie noch einmal eine realistische Perspektive weisen kann für die spirituelle Zukunft: Wie wirkt die wirkliche Entscheidungskraft in der Erfüllung einer geistigen Pflicht, für den notwendigen Umstand, für die notwendige Willensleistung auf die irdische Welt, auf die Sehnsüchte der Seelenwelt nach dem Tode und auch auf die geistige, tragende Welt?

Für eine sorgfältige Beantwortung der Frage erscheint es wichtig, jenes Bild noch einmal zu charakterisieren, um das es sich bei einer wirklichen Entscheidung handelt. Wir können hypothetisch als ein vorbereitendes Beispiel von der Vorstellung ausgehen, dass wir an einen kritischen Unfallort oder in eine kritische Situation kommen, wo ein anderer sich in einer solchen Notlage befindet, dass ein unmittelbares Eingreifen in mutiger Handlungsbereitschaft notwendig ist. Es sei vielleicht Winter und wir kommen gerade in eine Situation, wo jemand in einem Fluss oder See am Ertrinken ist. Ein tragisches und aufregendes Bild kann man sich vorstellen und sich ausmalen, was es nun bedeuten kann, wenn das unmittelbare, weisheitsvolle, ohne Zögern eintretende Helfen herbeieilt. Jemand wird gnadenlos vom Wasser hinweggerissen. Wie verhält es sich in der Seele des Helfenden, der den Mut für einen Sprung in das Wasser erbringen müsste? Welche Bedeutung nimmt der Mut der Hilfeleistung beispielsweise im Sinne des Irdischen für den Ertrinkenden und für den Helfenden an? Was bedeutet darüber hinaus eine solche Situation im Seelischen und im Geistigen?

Es äußert das Bild des plötzlich Ertrinkenden eine sehr konstruierte, aber auch nicht ganz undenkbare Situation. Es gibt Situationen im Leben, die unmittelbar spontan auf den Menschen zukommen und die von ihm eine sogenannte Geistesgegenwart oder zumindest ein bestimmtes Bewusstsein zur unmittelbaren Gewissenshandlung fordern. In den spontanen Notsituationen kann deshalb relativ gut erfasst werden, wie die Klarheit des Individuums wirklich willentlich in Beziehung steht und wie diese Klarheit zu einer Konsequenz im Handeln zur menschlichen Hilfe tauglich sein kann. Jene hypothetische Situation ist deshalb unter Umständen ein nicht unbedingt ungeeignetes Beispiel, das für die Beantwortung der Frage herangezogen werden kann.

Es soll aber einmal diese spontane überraschende Notsituation nur als Einführung dienen und mit einer Fragestellung überleiten auf jenes Beispiel einer sehr realistischen Situation, nämlich jene, wenn der einzelne Schüler oder Übende auf dem Pfade einige Zeit vorangeschritten ist und nun in seine Pflicht einer wahren geistigen Handlung eintritt. Jenes Beispiel knüpft näher an dem an, was die Bhagavad Gītā beschreibt mit Arjuna, der in die Konsequenz seines Berufes eintreten muss, in den Beruf des Kriegers. Arjuna ist *kṣatriya* von der Kaste her, das heißt er ist der kriegerischen Kaste, der dritten Kaste zugeordnet, deren Ehrgefühl er dahingehend vertritt, dass er für Recht und Ordnung sorgen muss.

Nun kann man ein Beispiel aus der Bhagavad Gītā, das 5000 Jahre zurückliegt, nicht mehr so einfach auf heute übertragen. Zu dieser Zeit aber hatte man noch ganz andere Einsichten in die geistigen Zusammenhänge und konnte durchaus eine Handlung mehr nach den geistigen Kriterien zur irdischen Welt ausrichten und sie nicht nur nach irdischen Kriterien allein abwägen. Diejenige Zeit der Bhagavad Gītā darf deshalb nicht mit der heutigen ver-glichen werden. Wenn man heute von Recht und Ordnung spricht, meint man wohl etwas anderes als früher. Das Kastensystem war zu früheren Zeiten auch eine Art Rechtssystem, das sich darin gründete, dass derjenige, der einer bestimmten Geburt angehört, sich in einer bestimmten Kaste aufhalten soll und dieser Kaste nicht entfliehen kann. Die Kaste war ein Merkmal zu dieser Zeit, nahezu so wie heute der Kopf und der aufrechte Gang den Menschen als Menschen bezeichnen. Es war der Brahmane in die Brahmanenkaste geboren und er blieb Brahmane Zeit seines Lebens und der *śūdra* beispielsweise, der zur ersten Kaste gehörte, musste ebenfalls in den Dienstleistungen innerhalb seiner Kaste bleiben. Es war eine Sicht vom Weltensystem aus gegeben, dass dieser *śūdra* eben nicht einfach in die *kṣatriya-* oder kriegerische Kaste aufsteigen konnte, denn wenn er das tun würde – so war das Verständnis – dann würde sich wohl oder übel ein Verlust in den Kapazitäten des Willens ergeben. Er könnte nicht der anderen Kaste gerecht werden. So musste er in seiner Kaste bleiben. Wenn der in diesem Sinne vorgegebene Lebensplan richtig vertreten wurde – was in der Welt nicht gerade etwas Leichtes ist und auch früher nicht etwas Leichtes war – wenn ein sogenannter geistiger Glaube als Wissen also richtig vertreten wurde, als eine Einheit eines gesamten Geistkörpers, als eine Gleichheit von äußerem und innerem Lebensgefüge, ohne Wertkriterien, ohne Klassifizierung und ohne gewisse Herabminderung des Ehrgefühles, dann wäre mit diesem Kastensystem durchaus eine Weisheit auf der Erde für eine bestimmte Zeit manifestierbar gewesen.

Die geistgeprägte Weisheit ist heute nicht mehr vorstellbar, denn wenn man heute von einem Kastensystem sprechen würde, so würde man in einem ganz eigentümlichen Sinne den Menschen nach äußeren Merkmalen fixieren und tatsächlich bestimmte Klassenordnungen aufstellen. Man könnte wohl nicht umhin, als beständige Bewertungen mit der Geburt zu verbinden. In unserer Zeit ist es deshalb völlig undenkbar, in kastenähnlichen Begriffen zu sprechen. Wie zeigen sich die Verhältnisse, wenn unsere heutige Zeit einmal betrachtet wird? Das äußere Leben und das innere verborgene Leben sind oftmals polar zueinander. Die heutige Zeit ist im Allgemeinen der äußeren sozialen Bewegungen eine einigermaßen pluralistische Zeit. Obwohl es natürlich viele Spannungen und Differenzen zwischen verschiedenen Personengruppen, Ausländern und Inländern, höher und niedriger gestellten Menschen gibt, existiert im Allgemeinen doch ein einigermaßen pluralistisches System, also ein System, das jedem Menschen eine gewisse Freiheit in der Perspektive der Lebenswahl und den Möglichkeiten einer Veränderung zugesteht.

Dieses System, das sich äußerlich so ganz allgemein vielseitig und bunt bewegt, besitzt aber dennoch auch eine innere Qualität. Dieses System, das uns im Äußeren umfasst, das alle Menschen gewissermaßen in einer sogenannten Demokratie oder in einer Republik organisiert und in ein allgemeines Gesellschaftssystem oder Sozialsystem einfügt, das trägt in sich auch ein Inneres. Dieses Innere ist nun niemals zu verwechseln mit dem Äußeren. Das innere Selbst ist ein tiefes Geheimnis. Dieses Innere ist tatsächlich auch nach einer Ordnung ausgerichtet, die sich als ein Sonnenstatus der Ordnungen zeigen kann oder als ein gewisser Selbststatus der Ordnungen – wenn wir diesen Begriff einmal hereinführen. Im Inneren besteht ein Selbststatus der Ordnung.

Dieser verborgene Teil, der dem Selbst entspricht, der nicht nach außen hin unmittelbar sichtbar ist und der sich nicht an Titeln oder an Äußerlichkeiten messen lässt, ist also durchaus mit einiger geistiger Einfühlung auffindbar. So gibt es in diesem Sinne Menschen, die in der Gesellschaftsform diese oder jene Ordnung einnehmen können. Sie können beispielsweise tatsächlich eine Leistung darbringen, die für andere Menschen segensvoll ist. Dann gibt es wieder andere Menschen, die ganz im Verborgenen wirksam sind und die heilsam sein können für andere und schließlich gibt es natürlich verschiedenste Gruppen – jetzt nicht nur vier Gruppen, wie es vier Kasten gibt – die Wirkungen entfalten bis auch zu genialen positiven, und andere die tatsächlich wirken zu verhängnisvollen negativen Dingen hin. Die Sichtweise des *karma* ist eine reine geistige und diese äußert sich mehr aus der inneren Selbstorientierung des Menschen. Geniale Kräfte können ungesehen aus einer menschlichen Seele ausstrahlen. Es gibt aber auch Menschen, die so wirken, dass sie durch ihr leidliches *karma*, durch ihr Dasein und durch ihr Inneres entsprechende Belastungen veranlassen, so dass durchaus sogar Streitereien bis hin zu allerlei erdenklichen Machenschaften beginnen. Im Inneren besteht ein Selbststatus, der mit dem positiven oder negativen *karma* inniglichst verwandt ist. Diesen *karma*-Status, diesen Selbststatus, sieht nun aber das äußere Auge nicht. Dieses verborgene Leben aber findet fortwährend statt und bringt nach außen hin bestimmte faszinierende und schöpferische Wirkungen hervor.

Ein kleines negativ anmutendes Beispiel soll die Schilderung ergänzen: Es kann der Fall eintreten, dass ein tragisches Ereignis stattfindet, an dessen Folge einige Menschen sterben müssen. Ganz allgemein gesprochen kann also ein ganz tragisches Ereignis mit Todesfällen eintreten. Nun kann man fragen: Warum ist die Tragik entstanden? Äußerlich gesehen werden sich vielleicht bestimmte Andeutungen oder vielleicht sogar Forschungsergebnisse belegen lassen, äußerlich gesehen kann als allgemeines Beispiel vielleicht gesagt werden, dass ein ganz geheimnisvoller Virus ausgebrochen ist, der die Menschen qualvoll dahingerafft hat. Dies ist aber nur äußerlich gesehen eine Form der Erklärung. Inniglich, bei tiefer Betrachtung, könnte man sagen: Wenn nun einer oder vielleicht zwei oder drei Personen – es müssen nicht viele sein, es genügt eigentlich meist einer – wenn nur eine Person sich eventuell in eine ganz andere höhere moralische Ordnung gefügt hätte, das heißt in eine bessere Aufbauleistung ihrer eigenen Seele gefügt hätte, dann hätte vielleicht das Gesamtniveau einer Krankheitsepidemie anders verlaufen können.

Auf dem inneren Wege, wenn der Selbststatus oder die Selbstposition näher erfühlt und betrachtet wird, kann jenes tiefere Geheimnis gesehen werden. Äußerlich betrachtet ist die Epidemie also eingetreten, weil diese oder jene Voraussetzungen dazu gegeben waren, inniglich zeigt sich aber: Wenn nun eine Kraft von nur einem einzigen Menschen weiter gefördert worden wäre, weiter gebracht worden wäre, in einen Aufstieg übergegangen wäre, dann hätte es vielleicht nicht so sein müssen, dass diese Epidemie eine Zahl von Menschen dahingerafft hätte. Eine ursächliche Wahrheit wie diese sieht man im Vergleich vom äußeren Status zum inneren. Das äußere Leben offenbart eigentlich nur eine wirklich vielfältige Erscheinung von Wirkungen, die ungereimt und bunt in dem Weltenraum stehen und die tatsächlich nichts anderes darstellen, als wie diejenigen Bewegungen, die sich wohl ausdrücken müssen, weil es ein gewisses Erfordernis ist, dass sich dieses Leben auch den entsprechenden Bildern hingibt. Bilder sind es für die Sinne und für das Gemüt. Dieses Leben der äußeren Welt wird eigentlich ständig durch das Schicksal abgebaut. So, wie die menschliche Mühe aufbaut, so wird aber schon im gleichen Zuge durch das Schicksal der doppelte Abbau gefordert und es können die verschiedenen Bewegungen nicht wirklich zu einer irdischen Langlebigkeit oder Unendlichkeit kommen. Das Leben ist eigentlich nur ein vielseitiges Wechselspiel von Bildern mit allerlei Wirkungen, die aber in sich immer geheimnisvoll, verborgen, ganz eigentümlich sind und sich fast jeglicher logischen Deutung entziehen.

Der Fall mit seiner Fragestellung der geistigen Pflichterfüllung, der nun zur Darstellung kommen soll, bezieht sich auf ein Verhältnis des Inneren zum Äußeren. Im Äußeren liegen bestimmte Pflichten im Menschsein vor und es kann vielleicht gesagt werden, dass es auf jeden Fall eine äußere, dem sozialen und wirtschaftlichen Leben angemessene Pflichterfüllung geben muss. Grundsätzlich aber dürfte die äußere Pflichterfüllung nicht als die wirklich wesentliche und einzige Disziplin gewertet werden, denn wenn von einem inneren Pflichtgefühl, einem wirklichen tragfähigen Pflichtgefühl ausgegangen wird, dann meint ein Geistforscher damit niemals den veräußerlichten Fall, der sich auf die schnellen Autoritätsbeispiele der Pflichterfüllung bezieht. Es ist vielmehr die Pflicht des Menschen, im Sinne einer mehr geistigen Pflicht zu denken, im Sinne einer wirklich verantwortlichen Pflicht einem Gesamten, einer Welt, einem existenten Kosmos und einem ganzen Universum oder einer lebendigen Menschheit gegenüber.

Wenn beispielsweise Sai Baba ausspricht: „Geh nach Hause und tue deine Pflicht", meint er vielmehr: „Entwickle deinen wirklichen göttlichen Beitrag zur Welt, leiste diesen, bringe etwas in die Weltenschöpfung ein." Die Pflicht ist deshalb eine eigentümliche Begrifflichkeit, die einerseits autoritär vom sozialen Gesellschaftsleben gesetzt werden kann, die aber auch in jenem Sinne darüber hinaus und erweitert gedacht werden kann, wie sie wirklich von dem inneren Selbstgefühl, von den innersten Selbststimmungen getragen ist. Die Pflicht des Menschen bedeutet immer eine sehr, sehr feinfühlige, tiefe Wahrheit, die dem Einzelnen nicht unbedingt von außen aufgetragen werden kann. Das Äußere ist eventuell in der ein oder anderen Hinsicht wegweisend, das Innere jedoch offenbart zunehmend den Weg, wie diese Pflicht verstanden werden kann. Man denke sich deshalb in ein Beispiel hinein, das etwa folgendermaßen beschrieben werden kann:

Der Weise sieht die gesellschaftlichen oder gemeinschaftlichen Umstände. Er bemerkt, woran es der Gemeinschaft, der Gesellschaft fehlt, woran es allgemein dem Menschen fehlt, ja wie es ihm an vielerlei Dingen fehlt. Er bemerkt, wie es ihm beispielsweise an Seelensubstanz und auch an innerem Rückgrat fehlt. Nun ist es möglich, dass der Geistschüler denkt: Was kann die geistige Schulung dazu beitragen, damit dieses Defizit, dieses Verlustgefühl beim Menschen eine neue Quelle oder eine neue Substanzerkraftung erfahren kann? Wie ist es möglich, durch die geistige Schulung eine wirkliche ehrwürdige Orientierung zu leisten? Die Frage ist ganz besonders auch in praktischer Hinsicht an die bisherigen Lernschritte in der Geistschulung ausgerichtet. Die nächste Frage stellt sich gleichermaßen: Welches Thema oder welcher Inhalt soll erkraften? Was braucht der Mensch tatsächlich inhaltlich? Welche Stofflichkeit, welche Umstände, welche Erfahrungen, welche Worte, welche Themen braucht der Einzelne?

Diese beiden Punkte sind ganz ausschlaggebend und schließen sich sogar mit einem dritten Punkt zusammen. Der dritte Punkt wird gerne missverstanden. Es ist innerhalb der Geistschulung immer ein personales Begegnungsfeld notwendig. Würden nur jene ersteren zwei Punkte gewertet werden, die nun mit objektiver Menschenkunde und inhaltlichem Thema angedeutet worden sind, dann würde es sich rein um materielle Aufbereitungen handeln. Es muss auch der dritte Punkt dazu ausgerichtet sein und das ist jener Punkt der Liebe, der immer die Tragfähigkeit zu einer schöpferischen Substanz, zu einer Umsetzung des Geistes bringen kann. Es ist nun auch das Denken notwendig, dass der Geistschulungsweg immer durch den Menschen geboren worden ist und es muss ein Denken an die Umstände auf persönliche Weise, also an die tiefe innere Bedeutung des Menschseins gerichtet sein.

Dieser dritte Punkt der gegenwärtigen Liebe ist ganz besonders wichtig und wird auch von Rudolf Steiner in etwas übertragenen Worten betont, indem er sagt: Man kann an ein historisches Christentum glauben, aber man muss auch daran glauben, dass es ein wirkliches reales Ereignis gewesen ist mit einer Inkarnation des Christusgeistes. Man darf nicht nur in gewissen Abstraktionen denken, sondern man muss an den Christus als einen Menschen, der durch die Erdeninkarnation für ein Ideal hindurchgegangen ist, glauben. Man muss den Weltengedanken in der Inkorporation des Menschen nehmen. Würde man nämlich den Weltengedanken nicht als im Menschen inkarniert nehmen, so könnte keine wirkliche Liebe erkraften und die wesentlichste Substanz würde im menschlichen Zueinander fehlen.

88

Aus diesem Grunde ist es im Stillen der Seele bei jedem Einzelnen eine Art bewusste Selbstentscheidung, wie er sich personal in Beziehung setzt zu den Quellen des Geistes. In letzter Konsequenz wird die Liebe die Christus-Kraft sein, aber er muss sich in einer personalen Verbindung zu seinen Lehrern, Mitmenschen und Schülern wissen. Wenn er diese nicht in klarer Verantwortung bildet, geht ihm meist die wesentlichste Kraft in der Seele verloren und er wird allzu leicht materialistisch.

So sind es drei Punkte, die zur Beantwortung der Frage unbedingt aufgebaut werden müssen. Man geht von einem Geistschulungsweg aus. Der Geistschulungsweg hat gewisse innere Bewegungen und besitzt in sich die Kraft oder die Möglichkeit, Gedanken an die richtige Stelle zu führen. Es begründet gewissermaßen die Objektivität im Leben, die projektionsfreie, klare Bewusstheit und Sicht in der Beurteilung des Lebens. Schließlich besitzt sowohl die irdische Welt als auch das individuelle Existenzsein der Seele ein notwendiges Thema. Das Thema des Individuums und der Welt mag nun unterschiedlich sein, je nachdem, in welcher Situation sich der Einzelne oder eine bestimmte Gruppe befindet, es muss sich nun aber verknüpfen mit dem Geistschulungsweg, beziehungsweise es muss eine sinnvolle Synthese entstehen, damit eine Gedankenaufbereitung und eine Durchdringung des Bewusstseins stattfinden kann. Als umfassende oder dringende, mehr stille meditative Konsequenz ist es weiterhin grundlegend notwendig, dass man sich in Verbindung fühlt mit geistigen Quellen – und zwar in personaler Weise – seien sie schon verstorben oder noch lebendig. Man muss sich verbunden wissen. Wenn man das nicht beachtet, ist die Substanzerkraftung der Liebe dürftig.

Die Pflichterfüllung ist nun daran gebunden, dass man andere Menschen wirklich in einen Aufbau führen kann. Man kann sagen: Was hat der Geistschüler für eine Verpflichtung? Er hat allgemein gesehen einmal die Verpflichtung, dass er überall dort, wo er auftritt, sei es im Berufsleben, im Familien- oder Beziehungsleben, sei es in einer öffentlichen Veranstaltung oder in einer Veranstaltung im esoterischen Kreise, sei es zu Freunden hin oder sei es nur innerhalb der stillen Natur, sei es als Gasttourist in einem fernen Land oder sei es als Gastgeber oder Großgrundbesitzer, er hat immer die Verpflichtung, zum Aufbau einer Sache beizutragen und zwar zu einem schöpferischen Aufbau, so dass im Nachhinein eine Erkraftung aller Ebenen des Daseins stattfindet. Diese Verpflichtung müsste eigentlich jeder Geistschüler sich in allgemeiner Form selbst auferlegen. Tut er es nicht, verfehlt er wahrhaftig seinen Beruf. Es wäre genauso, wie wenn jemand heute Heilkunst lernt und hierzu kein sorgfältiges Ideal über das Gesundheitswesen studiert. Der Geistschüler muss immer dort zum Aufbau beitragen, wo er gerade ist. Er braucht dazu nicht fanatisch sein oder eine beständige übermotivierte Dienstleistung darbringen, sondern er muss den Geistschulungsweg in die Anwendung bringen und gemäß dieser drei Punkte mit Weisheit, Liebe, Innerlichkeit und thematischer oder sachlicher Beziehung zu dem anderen eine Brücke erbauen, die zu einer Freude in den geistigen Himmeln führt. Er muss sich so weit regsam emporentwickeln, dass er zunehmend spürt, wie sich daran die höheren Welten erfreuen.

Welche Beispiele können konkret genannt werden? Es kann jenes wohl am leichtesten zugängliche Wesen der Beziehung einmal in die Mitte rücken. Wenn der Geistschüler jetzt, sagen wir fünf Jahre, auf einen Pfad wie diesen ausgerichtet ist, dann wird er es wohl nicht mehr recht gut in der Seele verarbeiten können, wenn er jenen gespaltenen Weg einschlägt und bei sich sagt: Die Beziehung zum Partner ist ein Teil, den ich mir reserviere, so dass ich gerade einigermaßen durch das Leben hindurchkomme und ansonsten widme ich meine Zeit anderen Interessen, aber die Beziehung klammere ich einmal von diesem Wege aus, denn sie stellt für mich nur eine Sache des Aufgehobenseins im Irdischen dar.

Jene sehr einseitigen und egoistischen Schlussfolgerungen gibt es nicht gerade wenige. Nun kann von Seiten der Geistschulung schon die Frage gestellt werden: Was ist eigentlich Deine Pflicht? Deine Pflicht liegt in der würdevollen Haltung, die auf andere erbauend, heilend und erheiternd wirkt und die nicht länger jenes eigentümliche Überbleibsel an Ungeordnetheiten und Belastungen auf dem Wege verschleppt. Die Pflicht ist es, entweder zur Beziehung – wenn es so sein sollte – ein Nein-Wort zu sagen oder einmal ein ganzes Ja-Wort auszusprechen. Es muss jedenfalls auch dieses Gebiet nach irgendeiner Zeit ordentlich nach einem Ideal gestaltet werden und es muss so geordnet werden, dass der andere nicht Leiden erfährt, sondern sogar in erhöhtem Maße den Aufbau der Geistschulung miterlebt. Selbst wenn der andere nicht in das Interessensgebiet der Geistschulung vordringt, dann ist es dennoch notwendig, selbst in einen Aufbau, in einen geeigneten Rahmen, in eine Würde der Pflicht einzutreten.

Ein weiteres Beispiel kann ergänzend an dieser Stelle angeführt werden. Man erlebt die Weltensituation, man erlebt sie und stellt fest, dass allgemein das Betriebsklima in den Arbeitsstätten schlechter wird. Dann erlebt man, dass die Sozialleistungen zunehmend mehr gekürzt werden und die nervlichen Belastungen innerhalb der einzelnen Gebiete immer erdrückender werden. Indem ein kleiner Blick auf dieses Sozialsystem erfolgt und auch auf das Gesamte, wie sich der Mensch bewegt, wird er, wenn er beispielsweise den Beruf des Pädagogen oder des Yogalehrers gelernt hat, unmittelbar zu der Einsicht kommen müssen, dass gerade jener neue Yogawille, der den Menschen im Denken, Fühlen und Willen stärkt, eine notwendige Aufgabe für die Zeit ist oder dass gerade eine individuelle und weise Pädagogik, die durchaus etwas ähnlich wie der Yoga ausgerichtet ist, zum Menschen sprechen muss. Der Mensch braucht die Substanz von einem Lehrer oder einer weisen Persönlichkeit, so dass er jenen Mut wieder gewinnen kann, sich selbst auch im Denken, Fühlen und Willen zu einem wachsenden Charakter aufbauen zu können. Nicht die äußeren Übungen sind es unbedingt, die der Einzelne direkt bräuchte, sondern die Art und Weise, wie die Übung vermittelt wird und wie mit dem Empfinden der Mensch in seinem Inneren zur Erkraftung angesprochen wird. Einen Inhalt braucht der Mensch anhand der Übung oder anhand einer guten Pädagogik. Es würde unmittelbar so sein, dass bei Betrachtung der Zeitumstände so mancher Beruf erst wirklich als Beruf ergriffen werden kann. Die Pflicht des Menschen wäre es deshalb, den Beruf gemäß der Umstände und Weisheit der Geistschulung zu ergreifen.

Es gibt zahlreiche weitere Beispiele. Es kann sein, dass so manches im Dasein in Unordnung gekommen ist und der Einzelne sich in dieser Unordnung nur einmal wie ein befremdeter Bürger fühlt. Indem aber ein Denken erfolgt, ein bewusstes Ausgerichtetsein zu dem Wesen der Geistschulung und zu dem, was wirklich thematisch, inhaltlich aufgebaut werden kann, zeigt sich, dass wirkliche tiefste Notwendigkeiten, ja unübersehbare Notwendigkeiten bestehen. Es gibt so und so viele Konflikte und Unordnungen und sie bestimmen die Gemütsverfassungen, weil es dem Menschen mangelt an den Stoffen der Geistschulung und thematisch angemessenen Inhalten. Der Mensch fällt förmlich in die körperlichen, verwickelnden Zustände zurück, weil er keinen geeigneten Rahmen besitzt, in dem er sich wahrhaftig in eine willentliche Veränderung begeben könnte. Der Tropfen des Himmels fließt ihm nicht wirklich entgegen.

Man könnte vom Medizinischen her denken, der Mensch brauche Kieselsäure, damit er an seiner äußeren Haut und auch in seinen nervlichen Konditionen nicht so sehr verletzbar ist und damit er gleichzeitig durchlässig im richtigen Sinne ist. Ist, so weiß es der Mediziner, der Kiesel im Menschen organisiert, dann ist er nicht mehr so verletzbar. Die äußere Gabe von einem Medikament wie beispielsweise der Silicea besitzt in manchen Fällen einen Wert, sie kann aber den Menschen nur einmal eine Anregung über den Körper geben. Die Wege der Entwicklung geschehen manchmal durch eine mutige Bewusstheit im Leben. Die Geistschulung ist eigentlich nichts anderes als wie eine überdosierte Kieselzufuhr, sie fördert, dass sich der Mensch bewegen lernt nicht nur allein innerhalb den körperlichen Umständen, sondern darüber hinaus in wahre Beziehungsfreude, in wahre Beziehungsaufnahme und schließlich in thematische Gebiete, die ihm viel mehr Freude und Licht vermitteln. Mit der Erkraftung der seelischen Bewegung ist er dann nicht mehr so verletzbar, weil er sich gewissermaßen über den schweren Wellen der Abhängigkeiten bewegen kann. Sobald er wieder in jene alten Gefühle hinuntersinkt, wallt auch der quälende, wesenhafte Verletzungsstoff auf. Es tritt wieder dasjenige leidliche Wesen an ihn heran, das ihn wieder in die Depression und Schwere, in die Traumen zurückführt. Kann er sich aber durch geeignete Gedanken herausbewegen, gewinnt er den rechten Willen, sich vorwärts zu orientieren, dann ist er geschützt und unverwundbar.

Bei Betrachtungen der Zeitenströme und der Zeitenumstände gibt es deshalb nichts Notwendigeres, als dass der Mensch eine praktische und konkret ausgearbeitete Geistschulung erhält. Er braucht sie als inneres Willenslebenselixier auf dem Weg des Beziehungslebens, er braucht sie als Gemütsfreiheit im Inneren auf dem Weg des Arbeitslebens und braucht sie auf den ganzen Daseinsgründen des Miteinanders und des gehobenen, ästhetischen und inhaltlichen Planens des Lebens. Deshalb ist es in dieser Analyse oder in dieser kurzen Betrachtung schon leicht erkennbar, wie sich das ganze Leben an jene kritische Schwelle der Pflicht, der wirklichen mutigen geistigen Pflicht wendet. Was bedeutet es nun, wenn der Einzelne diese inneren und äußeren Möglichkeiten ergreift und sie so ergreift, dass sie zunehmend in ein individuelles und universales Wachstum kommen? Was bedeutet es, wenn nun gewissermaßen der leere Pol, der unerfüllte Pol des äußeren Daseins plötzlich mit einem Ich der objektiven Erkenntnis, der inhaltlichen Wahrheitssuche und der Wärme des Geistes erfüllt wird?

Wer kann aus wahrer, authentischer Überzeugung dem Menschen wirklich sagen, dass es in den schlechter werdenden Arbeitsbedingungen, doch möglich ist, ein Selbstbewusstsein wieder zu sammeln, zu konzentrieren und dieses Selbstbewusstsein schließlich in einen ganz anderen Aufbau kommen könne, so dass die Möglichkeit einer Freiheit des Einzelnen durch die unmittelbare und ungezwungene Willensanregung eintreten kann? Wer kann den herabfallenden heilenden Tropfen des geistigen Willens vermitteln? Es fehlt tatsächlich neben dem Zustrom des Geistes und seinem feinsten Willen unmittelbar auch die ganz wesentliche praktische Vermittlungsinstanz, die angemessene Pädagogik des freien und doch willensgeprägten Umgehens. Es gibt keine Personen, die wirklich im Sinne einer wahren freien Verbindlichkeit vermitteln können. Wenn der Patient aus dem Krankenhaus entlassen ist, dann ist er eben vielleicht um einige Medikamente schwerer geworden und um einige – wenn man es frech sagt –

um einige Gliedmaßen leichter geworden. Aber es ist tatsächlich die Frage: Wo findet er den Zugang zu den geistigen Welten und den innersten Willen seiner selbst, wie findet er denn tatsächlich den Weg, wie er aus dem niedrigeren Niveau in das nächstmögliche wünschenswerte Niveau aufsteigen kann, und wie kann er in all seinen Handlungen Gewissheit spüren?

Was ist das Pflichtgefühl? Das Pflichtgefühl ist dort anzusetzen, wo wirklich nach der Forderung der Seelenwelten und Geisteswelten eine Notwendigkeit vorliegt. Diese Forderung muss sich mit der irdischen Seite des Daseins verbinden, aber sie wird nicht von der Autorität des irdischen Daseins gefordert, sondern sie zeigt sich gewissermaßen als eine Forderung ganz im Stillen des Inneren. Nur im Inneren liegt diese Forderung, sie besteht selten im Äußeren.

Wenn heute jemand sagt: „Tu Deine Pflicht und bleibe Weihnachten bei mir, ich will nicht allein gelassen werden", dann darf nach gesunder Bewertung aus dieser Forderung noch nicht ein Pflichtgefühl abgeleitet werden. Es wäre diese Forderung sogar ein konträres Gefühl zu dem, was wirklich der Einzelne schaffen möchte im Geistweg. Er würde sagen: „Weihnachten bin ich auch zu deiner Seite, leider aber nur auf mentale Weise, weil ich noch mehr zu tun habe und mich deshalb der Bindung erst später widmen kann." So könnte mancher auf eine Bindung antworten. Wie auch immer das Taktgefühl, das Wirklichkeitsempfinden und schließlich das Miteinander-Umgehen im Familienleben und Beziehungsleben stattfinden, wesentlich ist es zu sehen, dass der Mensch jedem Menschen gegenüber ein geistiges Verantwortungsgefühl mitbringen sollte und einer ganzen Menschheit gegenüber auch eine Pflichterfüllung leistet.

Es sind viele Plätze im Leben besetzt. Es gibt aber außerordentlich viele Plätze, die im Leben nicht besetzt sind und deren Einnahme ein Segen wäre. Wenn man sagt: „Du verlangst von mir, dass ich an deiner Seite stehe", dann sollte mit dieser Forderung kein Pflichtgefühl abgeleitet werden. Es ist eine Frage des Platzes, des geistigen Ortes, an dem sich jemand aufhält und von dem ausgehend der persönliche und universale Wille ausströmt. Mit diesen geistigen eruierten Gedanken würden wir dem Pflichtgefühl und dem Verantwortungsgefühl näherkommen.

Es ist also so, dass die Plätze im Leben vielfach besetzt sind, sicher aber auch vielfach Mangel erleiden. Es sitzt vielleicht die Depression gerade an dem Platz, den es zu besetzen gilt. Äußerlich gesehen soll nicht unbedingt sogleich der Maßstab des Pflichtgedankens auf die weltliche Forderung erfolgen, sondern es muss inniglich der Platz besetzt werden, der eigentlich noch völlig ungeboren und unbesetzt ist. Tritt dies ein im Sinne einer ausstrahlenden Persönlichkeit, im Sinne eines Menschen, der wirklich weitere Fähigkeiten zur Verfügung stellt, auf seine Mitmenschen zu wirken und auf das ganze Leben auch kraftvoll einzugehen, dann besitzt dies eine heilende Bedeutung für die irdische Welt, sie trägt vorzügliche Gedanken in die geistige Welt und erlöst die Seelenwelt.

Die Fragestellung war: Wie wirkt es, wenn der Mensch in die Erkraftung seiner Seele eintritt und mit Freiheit und ganzem Verantwortungsgefühl, mit der Weisheit, Liebeskraft und thematischen Verfügbarkeit in die Aufgabenrichtung eingeht, wenn er sich mit einem ganzen Ja-Wort zu einer Aufgabe besinnt? Es kann nun vielleicht empfunden werden, dass diese Willensentscheidung etwas Bedeutungsvolles für den Kosmos darlegt und dass diese Ja-Darbietung, diese tatsächliche Zustimmung, diese sympathische Verantwortungsübernahme auch bereits im Irdischen eine Konsequenz mit sich ziehen wird.

Es ist anhand des Glückes spürbar, wenn jemand Ja sagt und sich für eine Aufgabe wirklich entscheidet. Es wird nämlich im Irdischen in der Regel ein Frieden und Erfolg eintreten. Vielleicht lässt der Friede sich um der Geduld willen etwas Zeit. Eine Verzögerung kann auch eintreten, aber es wird die Tendenz eintreten, dass der Friede in den Erdentagen mit dem Ja-Wort offenbar wird. Es können vielleicht gewisse Abwehrreaktionen oder unhöfliche und kämpferische Gefechte mit projektivem Charakter eintreten, das sei einmal nicht ganz zu leugnen, sie werden aber bei einem ordentlichen Ja-Wort niemals den ausdauernden Erfolg haben. Es ist tatsächlich so, wie es in der Bhagavad Gītā geschildert wird. Es wird dem Arjuna von Krishna gesagt:

hato vā prāpsyasi svargaṁ jitvā vā bhokṣyase mahīm

(Bhagavad Gītā II/37)

„Wirst du erschlagen in diesem Kampffeld, erlangst du den Himmel, gehst du aber siegreich hervor, so erlangst du nicht nur Himmlisches, du erlangst auch den Ruhm und den Frieden in der Erde."

Dann sagt der gleiche Vers weiter:

tasmād uttiṣṭha kaunteya yuddhāya kṛta niścayaḥ

Das heißt: „Steh deshalb auf." Damit ist immer gemeint: „Steh auf, bleibe nicht dort, wo du jetzt bist, sondern stell dich an jenen geeigneten Ort, der deinem wahren Sinn entspricht". Nicht das Aufstehen im physischen Sinne ist gemeint. „Jetzt nimm dich einmal zusammen und stell dich in das Licht dieser Position. Dort gehörst du hin und wenn du dort stehst in dieser Position, dann wirst du vielleicht sogar erschlagen, aber du wirst den Himmel, *svargaṁ*, erhalten. Wenn das eben nicht der Fall ist, dann gehst du siegreich hervor, du erlangst die Welt und den Ruhm zugleich. Also steh auf, setz dich an den Platz, der geistig für dich angemessen ist, *kṛta niścayaḥ*, mit entschlossener Kraft, resolut entschlossen zum Kampf."

Szene aus der Bhagavad Gītā
Krishna spricht zu dem verzweifelten Arjuna

Die Pflicht ist in diesem Sinne zu verstehen. Es sagt der Krishna zum Arjuna: „Erledige deine Pflicht, gehe an diesen Platz, wo du gebührend hingehörst. Du hast die Fähigkeiten bereits erworben." Die Vorbereitung zur Pflicht wird uns in der ganzen Vorgeschichte des zweiten Kapitels der Gītā erzählt. Es wird dem Krieger ein Lob nach dem anderen zuteil, dem Arjuna, aber gleichzeitig erzählt die Geschichte:

taṁ tathā kṛpayāviṣṭam aśru-pūrṇākuleksaṇam
viṣīdantam idaṁ vākyam uvāca madhusūdanaḥ

(Bhagavad Gītā II/1)

„Zu ihm, der so von Mitleid ergriffen war, die Augen voll Tränen und Kummer, das Herz überwältigt von Schwermut und Mutlosigkeit, sprach Madhusudana folgende Worte:"[1]

yoga-sannyasta-karmāṇaṁ jñāna-sañchinna-saṁśayam
ātma-vantaṁ na karmāṇi nibadhnanti dhanañjaya

(Bhagavad Gītā IV/41)

„Wer aber alles Zweifeln durch Erkenntnis zerstört und durch Yoga alle Werke aufgegeben hat und im Besitz des Selbsts ist, der, o Dhananjaya, ist nicht durch seine Werke gebunden."

tasmād ajñāna-sambhūtaṁ hṛt-sthaṁ jñānāsinātmanaḥ
chittvainaṁ saṁśayaṁ yogam ātiṣṭhottiṣṭha bhārata

(Bhagavad Gītā IV/42)

„Darum zerschlage mit dem Schwerte der Erkenntnis diesen Zweifel, der sich aus Unwissenheit erhoben und in deinem Herzen festgesetzt hat, und nimm Zuflucht zum Yoga! Erhebe dich, o Bharata!"

Es werden also genaue Worte geschildert, die nichts anderes bedeuten als: „Erledige endlich deine Pflicht und die Pflicht wird den Kosmos reinigen." Der Kosmos wartet auf die eigenständig entschiedene Aktion, er wartet auf die Seele, die in der Erkenntnis der Pflicht ohne Zweifel ankommt. So erfüllt es sich gerade in diesem Sinne, wie ich es ausgesprochen habe, dass der Mensch wieder auf den Weg zum Frieden findet und das irdische Dasein mit Handlungskraft erfüllt. Wenn er es aber nicht tut, dann werden die Verwicklungen nur unnötig bleiben und der Friede kann vielleicht nur durch Äußerlichkeit einmal auf dem Papier festgesetzt werden, aber er bleibt in den Seelen als Unfrieden zurück. Es fehlt dem Menschen die Erkraftung in der Pflicht und Aufgabe, im Lebenssinn und seinem Geist. Wer kann wirklich zum Frieden kommen, wenn der Mensch nicht seine Pflicht erfüllt? Nur eine Person, die in den wahren und besten Pflichten erkraftet, ist weltbewegend, zwei Personen, die dieses Wunderwerk bewerkstelligen, sind größer, vier Personen, wenn ihre vorzüglichen Aufgaben ergreifen, verhindern alles Unglück, sind durch ihren Wagemut großartig in der komplizierten Weltenlenkung beteiligt.

1) Bhagavad Gītā von Sri Aurobindo, Verlag Hinder + Deelmann

Was bedeutet es auf die Seelenwelt bezogen, wenn jemand seine Pflicht wirklich ergreift, wenn jemand den mutigen Weg einer praktischen Umsetzung des Gesagten geht, wenn er auf diesen drei Ebenen mit Weisheit des Schulungsweges, mit thematischer Beziehung zur Welt und schließlich auch mit der nötigen inneren Verbundenheit im Persönlichen, mit dem Verbundensein zur geistigen Welt, mit dem Verbundensein zu dem bisher Gelernten, zu den Persönlichkeiten, die ihm das gelernt haben und mit der nötigen inneren Würde, den Weg beschreitet und seine Pflicht erfüllt? Was bewirkt diese Umsetzung für die Seelenwelt?

Die Seele ist großartig erstaunt und wird ab dem Moment, wo dieser Gedanke der wahren Pflichterfüllung zu leben beginnt, die Koffer packen und wird sich sagen: Ich reise ab von der Seelenwelt in die geistige Welt. Das wird tatsächlich wie ein Wunderwerk im Kosmos eintreten. Wenn die Pflichterfüllung eintritt, dann ist es so, dass die Seele erlöst wird, das heißt sie braucht nicht mehr länger zuschauen über das ganze Gemetzel der Welt, sondern sie sagt sich: Ich werde nun befördert, ich kann nun endlich eintreten in mein nächstes, heiliges und freies Reich. Bisher musste ich verdrießlich warten, bis ihr endlich eure Streitereien erledigt habt und musste immer auf dieses unendliche Gemetzel in der Welt blicken, aber jetzt, ab jenem unermesslichen Augenblick einer klaren Entscheidung kann ich den schwerelosen und lichten Weg weitergehen und kann mich aus allen Fesseln verabschieden, ich bin nun freigesprochen von den Hindernissen, die mir die Welt und ihre Freunde bis in den Kosmos herauf bescheren, ich kann nun meine geistige Verfügbarkeit für die nächste Zukunft ausdrücken.

Und schließlich stellt sich die Frage: Wie verhält es sich im Geisterland, den höchsten Welten, wenn dieser Einzelne wirklich in die Pflichterkraftung kommt, wenn er seinen Posten einnimmt, wenn er gerade die Handlungen mutig, zweifelsfrei und sicher erledigt, die scheinbar so ungewöhnlich für die Welt sind und die doch so selbstverständlich für ein Selbstbewusstsein des Geistes erstrahlen, die so wünschenswert, klar, konkret und unabdingbar sind? Wenn er diese Logik der Pflicht und des Lebensauftrages tut und seine Arbeitsaufgabe, seine Beziehung, seine gesamte neue Ordnung aufnimmt, wie verhält sich dieses irdische, mutige Wagnis für die geistige Welt?

Es ist in der geistigen Welt, wie zu erwarten, ein ständiger Aufbau gegeben, der wieder zurückwirken kann auf die irdische Welt. Die geistige Welt erstrahlt in Freude. Sie sagt: „Du bist endlich einmal zu dem gekommen, dass du ein geistiger Bürger in der Erde bist und du kannst dich nun wirklich der Zusammenarbeit und des Zustromes erfreuen. Das Leiden findet in den Erdentagen als Erziehungsmittel ein Ende. Dein Beitrag in der geistigen Welt ist groß. Ich bin glücklich, dass nicht das Leiden erst langsam etwas in die geistige Welt hineinbefördert, sondern dass durch das Opfer, das du erbringst, indem du dich auf rechte Weise loslöst und dich auf größere Weise in die Welt durch Pflichterfüllung und Verantwortung einlässt, sich die Welten versöhnen können. Erde und Himmel dürfen nun in eine Ehe eintreten". Durch dieses Opfer entsteht endlich dasjenige, dass die geistige Welt auch wieder zusammentreten kann mit der irdischen Welt. Es ist gerade in dieser Hinsicht auch ein ganz anderes Bewegtsein zu dem Zielpunkt der Synthese möglich.

Das Wesen des Neptun und seine Eintrittspforte über das Rückenmark

Vortrag vom 01. 01. 2008

Abschließend ist es einmal interessant, eine weitere Beobachtung heranzuführen. Nun habe ich noch gar nicht nach draußen gesehen, wie heute das Licht und die Lichtverhältnisse in der Natur sind. Gestern hatte ich mich einmal eingehendst mit jenem Phänomen beschäftigt, wie das Licht draußen im Kosmos herniederscheint auf die Erde und wie sich die Berührungspunkte ergeben von dem Licht und der Erde.

Gestern war es sehr auffällig, ebenso auch die Tage vorher, dass dieses gegenwärtige Licht sich nicht wirklich richtig verbinden möchte und deshalb ein beängstigendes Zeichen auch für das kommende Jahr in dem Sinn der gesundheitlichen Bedingungen festlegt. Das Licht ist nicht mehr wirklich mit der nötigen Substanzkraft aufgeladen. Man kann sehen, wie trotz wolkenfreiem Himmel nur 80 % Licht wirklich tätig sind. Es müsste eigentlich bei wolkenfreiem Himmel vom Stand der Sonne, wenn sie frei steht, zwar etwas weiter im Süden gelagert, aber wenn sie dennoch frei steht, 100 % an Lichtstrahlung gegeben sein. Es sind aber nicht wirklich mehr 100 %, sondern es ist sichtbar, es sind nur Teile des Lichtes, die ankommen und diese Teile des Lichtes haben gar nicht die Kraft, die ganze Bewegung des zu Manifestierenden auf der Erde zu geben, das heißt es tritt eine wesentliche gesundheitliche Schwächung für die ganze Erdenkultur ein. Diese gesundheitliche Schwächung, die damit verbunden ist, kann eigentlich nur durch eine außerordentlich intensive Seelsorge vermindert werden.

Es kann also beispielsweise das, was jetzt draußen leidlich spürbar ist, spürbar mehr metaphysisch und wohl nicht physisch, dass es hell ist und vielleicht auch relativ ruhig, aber dennoch leer, wie seelenlos die ganze Atmosphäre erscheint, nur dadurch geheilt werden, dass der Mensch selbst in diejenige Erkraftung eintritt, die eigentlich doch mehr oder weniger nur der Geistschulungsweg geben kann, die nur dann entstehen kann, wenn eine Auffassung im Menschen gedeiht, die Spiritualität, Seelendasein und irdisches Miteinander versöhnt. In kleinen Zügen kann es auch unabhängig von der Geistschulung eintreten, aber es ist im Großen und Ganzen notwendig, dass aus den Schulungsmöglichkeiten und den weisheitsvollen Umständen heraus diese Erkraftung eintritt. Es ist deshalb so außerordentlich wichtig, wenn von meiner Seite diese Referate hier vorgetragen werden und erzählt wird von den inneren Umständen, wie sie tatsächlich in anderen Regionen des Bewusstseins bestehen.

Die Elementargeister sind wie reduziert, sie sagen sich: „Es ist nicht wert aufzuwachen, obwohl das Licht scheint. Warum sollte man denn mühsam arbeiten an der Natur?" Die Naturgeister sind wie benebelt. Es ist diese Berührung von oberen und unteren Kräfteeinflüssen, also materiellen und lichthaften viel zu schwach, sie müsste eigentlich kraftvoll entstehen, sie müsste richtig substantiell zur Freude erkraften, so wie sich, wenn sich zwei Menschen miteinander bewegen, begegnen und sie aufeinander hinblicken, so müsste diese Begegnung kraftvoll sein, so dass sie zwar nicht wie ein Prallen aufeinander ist, sondern dass die Lichtverhältnisse sich kraftvoll sammeln in der Begegnung. Aber tatsächlich ist es so, dass man sich die Hand gibt und kaum mehr das Rückgrat aufrecht hinorientieren kann und dass man den Weg zueinander deshalb gar nicht mehr ausreichend in Gedanken, in Gefühlen findet.

Die Ruhe im Sinne von Erholung und Ausrasten wird den Menschen nicht heilen. Die Ruhe ist nur in Zeiten des wirklichen Notwendigseins wichtig. Heilen kann der Mensch sich nicht durch äußerliche Zurücknahme, sondern er kann sich heilen, indem er gerade jene weisheitsvollen Prinzipien ergreift und trotz mancher wichtiger Umstände sich in eine Bewegung gibt, die tatsächlich an den richtigen Platz der Welt rückt. Arjuna wollte ebenfalls einen Rückzug aus dem Kampffeld und ein Bescheidensein mit Almosen sammeln beginnen. Es sagte nämlich der Arjuna zum Krishna: „Es ist doch besser Almosen zu sammeln, da kann man wenigstens nicht ein Blutvergießen schaffen." Der Krishna aber antwortete: „Wenn du an diesem Platz sitzen bleibst, dann bist du mitbeteiligt an den ganzen Schuldgefühlen der Welt. Reiße dich zusammen und setze dich einmal an jenen Ort der Pflichterfüllung, wo es sich gebührt für einen Menschen deines Ranges."

Es ist wahrhaftig auch eine Angelegenheit des Selbstbewusstseins, die mit der Pflichterfüllung einhergeht. Die Pflicht im seelischen und geistigen Sinne zu ergreifen, heißt nichts anderes als wie ein Selbstbewusstsein für die ganze Zukunft zu entwickeln.

Was hat dieses Ergreifen des Iches in der Synthese zur Welt und in der Freiheit zu den Bedingungen der Welt mit dem Wesen des Neptun zu tun? Der Neptun wurde gestern in einem detaillierteren Vortrag vorgestellt. Der Neptun ist ein ganz eigenartiger Bürger, der in den Horoskopen sein Unwesen treibt. Dieser Neptun sitzt an verschiedenen Stellen und immer dort, wo er eigentlich ist, wird er tendenziell als derjenige Planet genommen, der eine Art Auflösung oder Zersetzung bewirkt. Dieser Neptun ist tatsächlich der Gegenspieler zu dem konkreten Mut. Je mehr der Mensch sich hinter Gruppengefühlen, Sukzessionen, bloß allgemeinen Zugehörigkeitsansprüchen oder sich in Kollektivvereinnahmungen bewegt, je mehr er sich hinter lauen Entschuldigungen verschanzt oder je mehr der Einzelne bei sich aus Angst aus dem Leben flüchtet, aus Angst er könnte vielleicht Tadel oder Unangenehmes erfahren und könne deshalb die Wahrheit nicht aussprechen, desto mehr tritt tatsächlich die zersetzende Kraft des Neptunischen herein.

Der Neptun kann aber nicht ein Unheil bewirken, wenn alle Sukzessionen, vereitelte Mystik einmal aufgelöst werden und wenn der Mensch ganz in die konkrete Wirklichkeit seiner Pflichterfüllung eintritt. Der Neptun hat damit seinen besten Sinn erfüllt, dass er sich nicht mehr in die Zersetzung des Ganzen geben kann, sondern dass der Mensch in eine neue Stufe des Daseins eintritt. Es ist nicht richtig, wenn man den Neptun astrologisch gesehen, immer als den geistvollsten Planeten bezeichnet, weil er der Herrscher des zwölften Hauses beispielsweise ist. Es ist solange falsch und spendet eine irrationale Hoffnung, solange man der konkreten Wirklichkeit des Geistselbst, des *manas*, ausweicht. Man würde dadurch mit der Zeit sogar zu einer kritischen Festlegung von Spiritualität kommen. Das Neptunische in seiner zersetzenden Kraft muss überwunden werden im Menschen durch das konkrete, klare Selbsterkraften. Indem das klare Selbsterkraften angegangen wird, beginnt schließlich der Neptun sich in die rechte Ordnung wieder zurückzurichten. Solange aber das nicht der Fall ist, finden zersetzende, auflösende Tendenzen statt und können nicht wirklich eine Förderleistung geben.

Spiritualität ist niemals mit Zersetzung verbunden, sondern Spiritualität ist mit klaren Schritten des Loslösens und des Erbauens des Daseins einhergehend. Wenn jemand eine Entscheidung trifft und sich sagt, ich werde auf dieses und jenes verzichten, dann ist das nicht eine zersetzende Formung, die aufgebaut wird, sondern es wird diese Form zur klaren Regelung des Daseins eingesetzt. Aber es bedarf der Weisheit einer ganzen Entscheidung und Zustimmung. Man braucht sich dann nicht mehr in diese unnötige, ständige, so eigentümliche, feinstoffliche und so übersensitive Bewegung der sublimierten Sinne verwickeln, die häufig die esoterische Bewegung mit sich bringt. Der Mensch wird sensibel im richtigen Sinn und robust oder antisensibel gegenüber ungewollten Einflüssen. Antisensibel muss man den Wesen gegenüber werden, die immer zersetzend angreifen wollen, die neptunischer Art sind und nämlich über den Rücken des Menschen eintreten, die nicht über das klare Haupt und über die Seelenkraft förderlich ein Organisationslicht erhalten. Der Neptun tritt über das Rückenmark von unten in den Menschen herein und damit hat er einen sehr feinstofflichen, astralen Charakter, aber diesen astralen Charakter kann der Mensch nicht verwerten. Es muss nämlich der Neptun tatsächlich einmal etwas außerhalb bleiben und der Mensch sich mit seinen Seelenmöglichkeiten entfalten. Ein geordnetes Eintreten der kosmischen Kräfte findet über das Haupt des Menschen statt.

Gerade die Entscheidung und Pflicht ohne Zweifel, Rückhalt und Disponieren, die geschildert worden ist, regelt dasjenige Verhältnis von dem Menschen mit seinen untergründigen Astraltendenzen, die umgekehrt in Beziehung stehen zu den brauchbaren Vollzugsinstanzen der Seele, das heißt des klaren Denkens, Fühlens und Wollens. Der Mensch wird auf diese Weise geordneter und kann in die Erkraftung seines Daseins eintreten.

Die neue und alte Materie

Vortrag vom 02. 01. 2008

Es ist sicherlich eine Tagung über diesen relativ langen Zeitraum, den wir über die Weihnacht pflegen, schon eine gewisse Anforderung an die Aufnahmekapazität. Wenn man einmal bedenkt, dass diese Gedanken alle mehr oder weniger doch einmal in die praktische Umsetzung kommen sollten, die hier diese wertvollen Tage ausgesprochen wurden, dann wird sicher ein Jahr dem nicht Genüge geben. Gleichzeitig ist es aber auch wieder richtig – wenn ich jetzt daran denke, über die Sinnesfreude auf der einen Seite und über die Verhaftung auf der anderen Seite zu sprechen –, dass mit diesen Gedanken nicht unbedingt ein vollkommen neues Gebiet berührt wird. Es ist sogar so, dass festgestellt werden darf, dass das, was ich hier täglich referiere, was ich hier versuche darzustellen, vielleicht sogar auf einige wenige Begrifflichkeiten zurückzuführen ist, die sich nur in unendlich vielen Variationen wiederholen. Es sollen eigentlich nicht völlig neue, in aller Fülle aufgetürmte Gedanken im Raum erklingen, die den Intellekt letzten Endes überlasten, sondern es soll eigentlich das Wesentliche, das wir zum Menschsein benötigen und zur Entwicklung verarbeiten können, in eine wirkliche profunde Aufbautätigkeit kommen, das ist die Erkraftung des seelischen und geistigen Daseins im Sinne eines wirklichen mutigen eigenen schöpferischen Selbstbewusstseins.

Tritt dieser Punkt zunehmend mehr in die Geburt, das heißt wird es möglich für den Einzelnen, sein Leben gewissermaßen – wie man das bildhaft ausdrückt – in die Hände zu nehmen und wirklich eigenständig mit eigener Seelenarbeit das Leben zu ergreifen, dann werden die verschiedenen Themen, Gedankeninhalte und Vorzüge mit Leichtigkeit in eine Bewegung zu bringen sein. Solange aber die Gedanken ohne diese innere Selbsterkraftung rezipiert, also aufgenommen und damit auch verarbeitet werden wollen, ist es immer eine Angelegenheit, die auch leicht eine gewisse Überforderung darstellen kann. Das Wesen des ganzen Bemühens hier an dieser Schule ist es wirklich, den selbständigen, freien, verantwortlichen und verbindlichen Menschen, der weder sich ganz der irdischen Welt verschreibt noch in einer abgehobenen Weise nur nach einer geistigen Welt strebt, zu entwickeln. Es soll jener Mensch, der Erdenbürger und geistiger Bürger zugleich ist, in einer vollkommenen Verantwortlichkeit, freien Klarheit und Selbständigkeit in die Geburt kommen.

Allgemein ist es ein Ideal der fortschrittlichen Synthese, das sich aber in tausend Gesichtern ausdrücken kann. Es beinhaltet immer das Ideal eines gewaltfreien, eines souveränen Menschen der Güte, der Liebe, der Wahrheit. Es wird niemals ein Ideal sein, das wirklich antipathische oder gar tierische Tendenzen in sich aufleuchten lassen würde.

Für diese Thematik der Synthese von Geist und Welt, von einem Oben und einem Unten, ist es außerordentlich wichtig, einmal näher auf jenes doch so mysteriöse Thema einzugehen, das sich darin ausdrückt, dass es auf der einen Seite eben eine Sinnesfreude gibt und auf der anderen Seite eine Leidenschaftlichkeit oder – wenn man es mit anderen Worten ausdrückt – eine sogenannte Passion, ein wirkliches schmerzliches Dasein in der irdischen Welt.

Es lässt sich dieses Thema auch in einem anderen und zwar sehr, sehr geistvollen Zusammenhang einführen, wenn nun eine Begrifflichkeit hinzugefügt wird, die zunächst einmal sehr mysteriös erscheint. Es kann davon gesprochen werden, dass es eine Materie auf zweierlei Weise gibt: Es gibt eine neue Materie und eine alte Materie. Mit dieser Begrifflichkeit sei aber nicht beschrieben, dass, wie es beispielsweise die Geologie beschreibt, es eben eine Materie gibt, die schon soundso viele hunderttausend Jahre zurückgeht und es dann wieder andere Gesteinsarten gibt, die etwas jüngeren Datums sind. Es ist also mit neuerer Materie und älterer Materie nicht unbedingt der geologische Zeitenablauf gemeint und somit nicht die sogenannte Entstehungsgeschichte.

Man könnte ja sagen, es hat jemand Holz geschlagen und das Holz sei nun frischerer Art, also jüngerer Art und es kann aber das Holz auch schon Jahre gelagert haben und man könnte damit sagen, dieses Holz, das sei nun ältere Materie. Sicher kann diese Begrifflichkeit auch auf das direkte Alter der Materie selbst eine Anwendung finden. Im Sinne eines geistigen Betrachtens oder eines wirklichen Bewusstseins für dasjenige, was an innerstem Geheimnis innerhalb der Materie sich ausdrückt, darf jedoch ebenfalls gesagt werden, dass es tatsächlich eine neue Materie und eine ältere Materie gibt. Diejenige Schaltstelle oder diejenige Entscheidungsinstanz, die Älteres erhält oder Neueres fördert, ist tatsächlich die menschliche Natur und die Kraft der Seele, die Art und Weise, wie sich diese Natur über die Glieder, über die Sinne, über die ganze Art der Beziehungsaufnahme zu der Materie in Bezug bringt. Es kann deshalb gesagt werden, der Mensch, ist fähig die Materie alt zu machen, wenn er die Art der Beziehungsaufnahme in einer bestimmten Richtung der Passivität der Seele aussteuert und er kann aber auch auf der anderen Seite die Materie verjüngen, er kann sie zu einer neuen

Materie transformieren, er kann also gewissermaßen eine Transsubstantiation herbeiführen, die die Materie in eine neue Qualität erhebt.

Die Transsubstantiation ist eigentlich eine schon sehr, sehr magische Sache, die normalerweise nur dem Priester in der Wandlung zugeschrieben wird, das heißt also, es wird diese Begrifflichkeit heutzutage nur in der Ekklesiologie gebraucht, aber nicht im Sinne des ganzen Menschseins. Es wird also nicht davon gesprochen, dass der Mensch auch die Fähigkeit heranbilden kann, zu verwandeln, zu verändern, ja zu transformieren im Sinne von einem niedrigeren in einen nächsthöheren Zustand oder von einem alten Zustand in einen neuen Zustand. Also dasjenige wirkliche Potential wird ja normalerweise dem Menschen abgesprochen, was er aber doch in sich trägt, nämlich dass er die Materie verändern und verjüngen kann.

Wie der Mensch die Materie verändern kann, zeigt sich schon an ganz einfachen Beispielen des Daseins. Um nur auf eine sehr konventionelle Weise einmal ein Beispiel herbeizuführen, sei erwähnt, dass es Personen gibt, die ein Auto fahren und das Auto hunderttausend Kilometer mit dem Motor durchhält. Dann gibt es andere Personen, die das gleiche Auto fahren und das Auto hält vierhunderttausend Kilometer mit dem Motor durch. Scheinbar hat es doch etwas mit dem Fahrer und mit dem Menschen zu tun, wie sich die Materie vergeudet oder erhält. Es gibt Menschen, mit einem genialen Talent, die Materie tendenziell zu erhalten und andere mit der Untugend, die Materie förmlich zu vergeuden und zu verschleißen. Der Mensch wirkt nach der herkömmlichen Beobachtung also auf die Materie ein.

Des Weiteren ist die Erscheinung beobachtbar, dass auch der Mensch selbst zu einem anderen Menschen wirkt. Es kann nun der Fall sein, wenn sich zwei Personen begegnen, dass sie durch den gegenseitigen Blick, die Wahrnehmung oder die Art, wie sie sich in Beziehung bringen, sich etwas älter machen oder auch etwas jünger erhalten. Es sind allerlei Beobachtungen auf diesem Gebiet sichtbar. Mit schlechten Gemütsstimmungen sagt man ja zum Ehepartner: „Also, mit dir ist es außerordentlich schwierig, es wird mir sowieso alles Erdenkliche nur in den Weg gelegt, es werden Verschwörungstaktiken aufgebaut, die ohnehin gegen mich gerichtet sind und mich alt werden lassen." Dann beschwört man das Gegenteil: „Aber allen anderen geht es viel besser." So kann natürlich das eine oder das andere schon fast materialisiert werden. Der Mensch ist tatsächlich einer, der nicht zu unterschätzen ist in der Fähigkeit, zu materialisieren. Man sollte dem Menschen nicht gar so sehr die Fähigkeit absprechen, dass er nicht so gewisse Dinge der Materialisierung beherrscht, nur ob er sie wirklich im rechten Sinne anwendet und mit diesen im rechten Sinne beiträgt zum Aufbau des gesamten Daseins, das sei einmal als sehr fraglich dahingestellt.

Nun, es gibt eine alte Materie und es gibt eine neue Materie im Sinne des Geistigen. Wie kann dieser Zusammenhang wieder mit den Begriffen belegt werden von Sinnesfreude, Sinnesfreudeerleben und auf der anderen Seite von Passion oder von Leidenschaftlichkeit, von Anhaftung im Leiden? Es ist in diesem Zusammenhang des Themas einmal günstig, wenn man auf die Verse der vedischen Schriften achtet oder ganz typisch auch auf einige Verse der Bhagavad Gītā. Die Bhagavad Gītā spricht sich beispielsweise in einem sehr meditativen Absatz aus, wo es heißt:

dhyāyato viṣayān puṁsaḥ saṅgas teṣūpajāyate

(Bhagavad Gītā II/62)

Das heißt: Dort, wo die Berührungen und die Gedanken auf die Welt zufließen, dort entsteht diese Berührung – diese Berührung, die man normalerweise nur den Händen zuschreibt, aber gar nicht so sehr den Augen oder anderen Sinnesorganen – dort entsteht also eine Berührung mit dem Sinnesstoff, mit den tatsächlich inneliegenden Kräften im Sinnesstoff und dort entwickelt sich schließlich ein sogenanntes Begehren, ein *kāmaḥ*. Es erregt sich also mit der Berührung des Sinnesstoffes ein Begehren und dieses Begehren ist dann schließlich jenes Begehren, das zum Verhängnis des Menschen führt. Es heißt dann: *krodhād bhavati saṁmohaḥ* (Bhagavad Gītā II/63), was bedeutet: Das Begehren führt zu einer Verblendung im ganzen Menschsein, *saṁmoha*. Das Resultat eben dieser Schriften zeigt deutlich an, es solle der Mensch die Sinne ablenken, die Sinne von den Objekten der Außenwelt ablenken, damit er nicht in diese Art Versuchung, in diese Berührung, in jenes *saṅgaḥ*, in die geheimnisvolle Verdichtung einer Stofflichkeit hineinkommt.

Schwer wäre dieses Ideal – wenn man es von der Bhagavad Gītā unmittelbar übertragen würde auf das Leben – zu verwirklichen im Sinne der Bemühung einer Synthese von Geist und Welt. Man müsste förmlich den Wesen flüchten, im wahrsten Sinne entsagen, damit man diesem Ideal einigermaßen näherkommen könnte. Es sei sogar wesentlich in Frage gestellt, ob es dem Menschen überhaupt gelingen könnte, wenn er sich ausreichend zurückzieht, dass er dann die Kräfte hervorbringen würde, dieses Ideal wirklich authentisch in sich aufzubauen. Eine Synthese von Geist und Welt erfordert doch vom Menschen ein Hineingehen in die Welt und auch ein In-Kontakt-Treten mit der Welt. Eine Synthese mit den Naturbedingungen und Naturerscheinungen, abseits von allem Treiben, abseits von jenen sozialen mitmenschlichen Bedingungen, ist nicht vorstellbar und auf Dauer nicht positiv in eine Formung zu führen.

Die Sinnesfreude, die mit der Lichtgestalt[1] des Kosmos ganz wesentlich etwas zu tun hat, ist nun eine Begrifflichkeit, die ganz besonders hereingeführt wurde – schon einige Jahre zurück – damit es eine Aufmerksamkeit gibt auf Lebensqualitäten, die gewissermaßen zwischen Geist und Welt Wurzeln fassen können. Die Sinnesfreude soll eigentlich jene Qualität sein, die weder eine Askese erfordert, noch aber auf der anderen Seite ein bloß Geistiges, ein bloß Fernstehendes oder ein mehr abstraktes Geistesleben fördert. Die Sinnesfreude soll vermitteln zur irdischen Welt auf eine bestimmte lichtvolle Weise und soll gleichzeitig kein Hindernis darstellen für die geistige Welt, so dass der Mensch auf der einen Seite seine ganze geistige Kraft zur Verfügung hat und auf der anderen Seite auch mit den geeigneten Bemühungen und Wünschen sich in die Welt hineinbewegen kann. Eine Sinnesfreude ist das Gegenteil von Sinnlichkeit und entsagt all dem Leiden, das im Allgemeinen – ohne die christliche Terminologie zu überspannen – als sogenannte Passion bezeichnet werden kann.

Die Sinnesfreude wirkt auf den Menschen sehr bezaubernd, sie offenbart aber noch nicht eine wirklich geistige Dimension der Verwirklichung, sondern sie erzeugt nur einmal eine besondere Art der Lebensqualität des Seelischen. Die Passion auf der anderen Seite ist tatsächlich das Ergebnis von den verschiedensten Strömen, seien sie von innen kommend oder seien sie von außen auferlegt, die den Menschen in die Verdichtung der Welt verschlingen.

Man kann wieder zu einem ganz praktischen Beispiel gelangen, um die Sinnesfreude einmal in das konkrete Anschauen herbeizuführen. Man nehme einmal die Vorstellung zu Hilfe, wie sich zwei Menschen, ganz besonders nun einmal Mann und Frau gegenübertreten können. Wenn sich zwei Personen, die ja polar entgegengesetzt sind und dadurch eventuell eine gewisse Anziehung aufeinander ausüben, gegenübertreten, ist eine wesentliche Aufgabenentwicklung dazu gegeben, die Bewegungen der Sinne zu studieren und die Bewegungsrichtung auch der Gedanken wahrzunehmen.

Es gilt leider in der Welt als etwas recht Selbstbewusstes, wenn der Mensch heute unter diesem Gegenübertreten so etwas versteht – man wagt es ja nicht zu sagen, weil es so etwas Entsetzliches ist, so entsetzlich, dass man es kaum im Begriffe ertragen kann – das man „cool sein" nennt. Wenn man so etwas in den Mund nimmt, dann wird dem Gemüte fast so zumute, als

---

1) Heinz Grill, Die goldene Lichtgestalt im Kosmos, Lammers-Koll-Verlag

wenn es sich schon einmal seiner Gewichtsklasse um drei Kilo erleichtern
müsste und fast in die Magersucht überginge, also wirklich, es lässt sich
kaum etwas Fremderes ausdrücken im Sinne der Begriffsbeschreibungen,
die man nützen möchte, um ein sogenanntes modernes Selbstbewusstsein
in die Offenbarung zu bringen. Selbstbewusst scheint es wirklich zu sein,
wenn sich der Mensch heute auf diese sogenannte nüchterne, abgekühlte
Weise verhält. Man sagt es eigentlich direkt aus, wie es ist, man lässt keine
Wärme für den Anderen zu, man lässt alle Wärme auf dem Wege des Mitei-
nander-Kommunizierens oder Miteinander-in-Beziehung-Tretens beiseite,
man unterdrückt vielleicht sogar jegliche Reaktion, die sich plötzlich in eine
Begegnung hineingeheimnissen könnte. Dieses Miteinander-Umgehen ist
dann mehr oder weniger darin besiegelt, dass auch die Materie entsprechend auf Stufen der eigenartigen Wesenssensibilisierung zurückfällt, die
aber auf der anderen Seite eine viel stärkere Sensitivität im Sinne des Ver-
letztseins hervorbringt.

Aber auch alle zu stark derben Anlagen und Blickrichtungen, die auf einem
zu leidenschaftlichen, zu sinnlich verhafteten, zu begierigen Wesen beruhen,
also all diese Blicke, die gegenseitig ausgetauscht werden, gleiten auch hinüber zu dem anderen und sie betreffen einmal den Seelenmenschen, aber sie
betreffen auch den Menschen in seiner ganzen Materie. Es findet im Sinneserleben eine Berührung von bestimmten Wesenheiten statt und diese Wesen
verursachen auch im Gegenüber zumindest eine Reaktion. Wenn sich die
moderne Sinnesrichtung nun jemand vorstellt, welche Kräfte sich eben in
einer Begegnung ganz besonders zwischen Mann und Frau aufgrund der
Anlage des Begehrens oder der Anlage von irgendwelchen Zeitgeistern ausdrücken können, dann ist es so, dass man sehr leicht einmal zu der Einsicht
finden kann, wie die Materie auf diesen Grundlagen direkt abbaut, beziehungsweise erkalten muss oder wie sie sich eigentlich in einen Zustand begibt, der nicht gerade gesundheitsförderlich ist. Die Materie, die durch das
Menschsein ja gesund und in Aufbautätigkeit leben müsste, wird gerade
durch solche Sinneseinflüsse, die unendlich viele sind, zu einem ungünstigen Niveau gezwungen.

Man stelle dem nun einmal die Sinnesfreude entgegen. Die Sinnesfreude
trägt in sich etwas sehr Lebendiges und Faszinierendes, weil sie auch an
Gedanken gebunden ist und an eine obere Welt des Geistes, das heißt an
eine wirkliche, aktive, formende und bildende Ideenwelt. Diese formende
und bildende Ideenwelt schaut auch hinüber, beispielsweise vom Mann
zur Frau und von der Frau zum Manne, aber sie trägt nicht die bloße Leidenschaft weiter, nicht das nur angelegte triebhafte Bedürfnis, sondern es
trägt sich in der Blickrichtung nun ein Gedanke in die Sinnesberührung

hinein, der in die nächstmögliche ideale Stufe des Lebens führt. Es kann nun beispielsweise die Frau den Mann dahingehend anblicken und sich dabei sagen: „Ich möchte, dass Du ein stattlicher Mann mit Erfolg und Würde in Deinem ganzen Leben wirst." Es kann der Blick von dem männlichen Wesen zur Frau erfolgen und es kann durchaus auch in diesem Blick sich der Gedanke weitertragen, dass sich dieser sagt: „Ich möchte, dass Du ein wirkliches schönes Wesen, ein bezauberndes Wesen mit göttlicher Ausstrahlung sein sollst."

Man stelle sich einmal vor, wie diese Blicke nun ganz anders motiviert werden. Welche Gedanken transportieren sich wirklich auf dem Sinnesweg weiter? Es ist sicher so, dass an der einen oder anderen Schwäche einmal ein Vorbeischauen notwendig wird. Man muss sich auch in gewissen asketischen Umständen üben und einmal den Blick etwas dorthin zentrieren, wo die Möglichkeiten sind und nicht gerade dorthin, wo die Schwächen sind. Würde jemand immer nur auf die Schwächen des anderen blicken und beispielsweise sagen: „Ja, wie siehst Du denn heute wieder aus", dann wird er natürlich nicht gerade dieses freudige Ideal fördern, das man in die Sinnesfreude, in den Blütenzauber des Sinneswesens hineinführen kann. Da aber tatsächlich innerhalb der möglichen Blickrichtung ein Ideal, das zum Aufstieg, zu einem rational denkbaren Aufstieg beitragen kann, gegeben ist, so kann auch ein ganz anderes Zueinandertreten möglich werden.

Von diesem Beispiel ausgehend zeigt es sich in ersten Andeutungen, welche Möglichkeiten der einzelne Mensch besitzt, in eine Begegnung zu kommen. Die Begegnungen mögen auf allen Stufen des Lebens stattfinden, sie mögen zu den verschiedensten Menschen, zu den verschiedensten Bedürftigkeiten innerhalb des Daseins ihren Ausdruck nehmen. Es ist jedenfalls immer die Freiheit und die Möglichkeit gegeben, dass ein Gedanke den Sinnesstrom über das normale, eventuell verhaftete oder emotional gebundene Kriterium hinauserhebt. Der Mensch überlässt sich nicht seinen Sinnen und gibt diesen das erste Wahrheitsrecht – damit würde er sich gerade in seiner eigenen Aktivität aufgeben –, sondern er nimmt sich zusammen und entwickelt zunehmend ein idealeres Vorstellungsleben und begibt sich mit diesem Vorstellungsleben in die Begegnung hinein. Er achtet stets darauf, dass er den anderen nicht vorschnell forciert zu irgendwelchen ideologisierten Handlungen oder den anderen in einer Art Missiontätigkeit überfordert, sondern er beginnt sein mögliches Ideal in einem brauchbaren, praktischen, empathischen Austausch zu pflegen. Mit der Sinnesfreude und einem geeigneten Vorstellungsinhalt entwickelt sich ein ganz anderes Lebensniveau, das auch das Dasein schöpferisch begleitet.

Der wesentlichste Aspekt für diese Ausrichtung ist derjenige, dass der Einzelne sich nicht den üblichen treibenden Bedürfnissen hingibt und sich gewissermaßen in diesem Strombett von all diesem Wasser der Leidenschaft mitreißen lässt. Er bewegt sich vielmehr in eine Möglichkeit der Zukunftsorientierung. Er sieht nicht dasjenige, was er erhalten könnte von der Materie, sondern er sieht dasjenige, was schaffbar, machbar und in jeder Weise zu entwickeln ist. Indem auf dasjenige sensibel geachtet wird, was zu entwickeln ist, kann nun die Materie eine ganz andere Möglichkeit erhalten.

Wie verhält es sich hingegen in der Form der Passion, in der Form der Leidenschaft, wenn sich also der Mensch jenen Kräften zu einseitig überlässt oder sich in schwachen Stunden mancherlei Entschuldigungen hingibt und sich von dem Strom des Begehrens fortreißen lässt, des eben zu leidenschaftlichen, zu emotional gebundenen Begehrens? Es ist dann für den Menschen nichts anderes als eine Art Übergrifflichkeit gegeben, in der er die Materie tatsächlich abbaut oder sogar verletzt. Die Materie gewinnt einen gewissen Ausdruck, ganz besonders auf den Menschen bezogen, die wie verwundet erscheint und dadurch immer wieder heilen muss.

Man nehme einmal dieses Bild zu Hilfe, das sich tatsächlich im wahrsten Sinne zeigt. Der zu sehr begehrende, der zu sehr wollende Blick des Menschen, das Verlangen des Menschen, gleich auf welcher Stufe es angesetzt ist, sei es auf materieller Stufe mit Geldgier oder sei es auf der Stufe einer menschlichen übergrifflichen Gier, es ist einerlei, diese Kraft des Menschen, die sich nur organisch vom Physischen aufwühlt, zeigt sich immer in der Wirkungsfolge, dass sie eine Wunde bei dem Anderen verursacht, die wieder geheilt werden muss. Wenn so etwas eintritt, dann zeigt sich auch in der Folge, wie die Materie zum Älterwerden, zum Schwächerwerden gezwungen wird. Es findet ein regelrechter Abbau statt oder anders ausgedrückt, das, was sich an der Materie oder an der anderen Körperlichkeit spiegelt, ist nichts anderes als wie der Verbrauch von wertvollen Energien. Es fehlt die Möglichkeit des Aufbaues in seiner gesunden Substanzerkraftung.

Kann aber aufgrund eines Ideals diese beschriebene sinnesfreudige Ausrichtung erfolgen und kann der Einzelne tatsächlich sich am anderen erfreuen, dann zeigen sich in dieser sympathischen und offenen Geste zueinander ganz andere Bedingungen, die sich wieder bis in das Physische hinein bemerkbar machen. Man kann auch davon sprechen, dass der Gedanke, der transportiert wird im Sinnesstrom, nichts anderes darstellt, als wie ein sogenanntes Ätherisieren. Der Äther wird durch den Gedanken gehoben oder belebt. Der Äther, der sonst im gewöhnlichen Leben durch das physische, körperliche Wesen gebunden ist, wird nun durch das Ich oder den Gedanken herausgehoben und durch den Sinnesstrom bewegt, aber auf eine nächsthöhere Stufe bewegt. Indem er auf diese höhere Stufe bewegt wird, darf davon gesprochen werden, er ist ätherisiert.

Dieses Ätherisieren des Sinnesstroms ist deshalb immer mit einem gesunden Aufbau von Lebenskraft und einer regelrecht wachsenden Kraft in der Lebendigkeit des Austausches verbunden. Es wird nicht die Sinnlichkeit, die Machenschaft getragen, sondern das Sinneswesen selbst, das heißt es entsteht so etwas wie das Erblühen einer Substanzkraft. Der Ätherstrom kann nun mehr in seine Blütenfiguration eintreten. Es kann der Äther tatsächlich die Materie im Sinne einer Art Blütenbildung beleben. Wie verhält sich dieser Sinnesstrom nun in Bezug zu dem Menschen?

Zum Menschen verhält es sich auf diese Weise, dass nun eine einfache Form des Heilmagnetismus strömt. Praktisch gesehen heilen nun gewisse Verletzungen. Es wird sofort bemerkt, wie die Sinnesfreude die Peripherie des Menschen stärkt. Es kann sich beispielsweise in kürzester Zeit die Haartracht des Menschen verändern oder es kann ganz besonders auch die Hautfarbe in ihrer gesamten Qualität, in ihrer rosigen Farbe sofort eine andere Ausstrahlung gewinnen. Die Sinne berühren sich, aber im Strom der Sinne befindet sich nun ein Ideal oder ein gedachtes Bewusstsein, das angehobener Art ist, das meist noch nicht ein Geistigsein ist, das sich aber in einem moralisch guten Sinne verströmt. Durch dieses Verströmen, das in den Sinnen eintritt, beginnt sofort die Peripherie, also die Hautfarbe des Menschen wieder neue Energie aufzubauen. Diese Art von Beobachtungen lassen sich beispielsweise machen. Wie verhält es sich aber im Genauen der Materie?

Eine Leidenschaft, eine zu starke Verhaftung des Sinneswesens, also eine passive Hingabe an die Illusionen des Daseins, lässt die Materie in Wirklichkeit alt werden. Indem aber die Aufbautätigkeit stattfindet und die Mühe nicht gescheut wird, ein gewisses Ideal in das Gespräch, in die Begegnung mit hineinzuführen oder zumindest im Stillen begleitend zu erhalten, erhält sich einerseits die Materie gesünder und es wird derjenige Mensch, der daran teilnimmt, grundsätzlich einen gesundheitlichen Aufbau erleben. Er wird sich gestärkter fühlen, ausgeglichener, dynamisierter fühlen, das heißt gewissermaßen auch jünger fühlen. Gleichzeitig ist aber auch innerhalb der Materie eine Veränderung sichtbar. Man kann an dieser Stelle nun fragen: Wie zeigt sich diese Veränderung in der Materie, wenn beispielsweise mit dieser Gedankenklarheit und Sinnesfreude auf ein ganz materielles Wesen geblickt wird, beispielsweise auf eine Architektur, auf ein Möbelstück oder auf ein bestimmtes Bild?

Wenn nun der Einzelne in dieser mehr faszinierenden Sinnesrichtung einen Gedanken tragen lernt, dann beginnt der Gedanke sich gewissermaßen zu der Materie hinzuzugesellen. Es ist ein Gedanke, der zu der Materie hinzukommt. Wenn der Gedanke nun zu einem Gegenstand, zu einer Kurvenform, zu einem Holzstück, zu einem Möbelstück hinzuströmt, dann darf in der Gesamtrechnung davon ausgegangen werden – ganz abstrakt zunächst einmal gedacht –, dass bisher zur Entstehung des Möbelstücks vielleicht 30 Gedanken verwendet worden sind und diese hinzu zu den Naturbedingungen nun das Möbelstück bilden. Nun wird durch die Aufmerksamkeit des Menschen wieder ein Gedanke hinzugetragen, das heißt es sind dann plötzlich 31 Gedanken gegeben. Was heißt das, wenn der Gedanke hinzufließt? Der Gedanke ist die Oberinstanz des Daseins, und Gedanken würden wir jetzt – wenn wir von der *cakra*-Lehre ausgehen und sie zunächst einmal ganz abstrakt nehmen – auf das sechste Zentrum, auf das *ājñā-cakra* beziehen. Im oberen Bereich des Menschen, das heißt in der Mitte des Hauptes strömt ein Gedanke aus. Dieser Gedanke ist leidenschaftslos, und gleichzeitig ist er nach einer konkreten Dimension ausgerichtet. Dieses Wesen des Gedankens strömt nun mit der Sinnesbetrachtung hinüber zu seinem Zielobjekt, das heißt zu dem Möbelstück und haftet sich nun gewissermaßen an das Möbelstück an. Es ist ja der Gedanke eine Ätherkraft und diese Ätherkraft strömt hinzu und vervollständigt auch das Gesamte im Möbelstück. Jetzt können wir sagen, wir haben 31 Gedanken und diese bilden in der Summe das Möbelstück.

Etwa so kann der erste Betrachtungsansatz erfolgen. Genau genommen ist er aber noch nicht ganz richtig, genau genommen muss dieser Betrachtungsansatz nachkorrigiert werden. Es ist nämlich so, dass die Materie sich zum Menschen in Beziehung bringen möchte, aber keine Möglichkeiten dazu hat, denn das Möbelstück kann von sich aus nicht mit einer lauten Stimme ausrufen und sagen: „Schau mich an, ich bestehe aus 30 Gedanken, ich würde gerne aus 31 Gedanken bestehen." Einem Möbelstück wird man diese Fähigkeit noch nicht zuschreiben. Dem Menschen darf man aber diese Fähigkeit jederzeit beimessen und der Mensch kann sich nun auch in diese Ordnung einfügen und sagen: Was ist ein Möbelstück? Es ist ein geschaffenes Kunstwerk aus der handwerklichen Phantasie von bestimmten Menschen und es trägt zu einer Funktion im Leben bei und eventuell zu einer ästhetischen Bereicherung des gesamten Daseins. Dieses Möbelstück möchte nun aber auch wirklich mehr teilnehmen oder ganz eine Teilnahme finden an dem, was das immanente schöpferische Werden des Geistes ist oder sagen wir es so – es ist immer leicht missverständlich zu verstehen – in der gesamten Art Erlösungswerk möchte es einmal teilnehmen. Es möchte also das Wesen, das mit dem Möbelstück in die Geburt gebracht worden ist, auch ein Teil sein, das eine Funktion an einem gesamten geistigen Werdeprozess einnimmt.

Es ist mit all den materiell gegebenen Umständen ein Wesen, ein verzaubertes Wesen gegeben. Die Materie ist nicht nur Materie, sondern es sind Wesen in der Materie gebunden und geben gewisse äußere atmosphärische Bedingungen wieder. Diese Wesen wollen nun durch das Kommen des Menschen in einen besseren Zusammenhang kommen, sie wollen gewissermaßen wieder weitergehen können in die nächste Ordnung ihres Daseins. Wenn nun der Sinnesstrom mit einer qualitativen Idealität an dieses Möbelstück herangeht, dann ist es so, dass nicht 30 Gedanken, sondern 31 Gedanken sich daran befinden, aber dass dieser zugefügte Gedanke nun genau die Möglichkeit gibt, dass sich dieses Möbelstück tatsächlich in der Materie verändert von einem Älteren zu einem Neueren und es wird nicht unbedingt größer, sondern es wird eigentlich etwas kleiner, wenn man versucht, es geistig zu beschreiben. Es wird nicht größer, es wird nicht mehrdimensioniert, sondern es wird eigentlich sogar „abdimensioniert", es wird etwas kleiner, runder und dadurch wird es in eine Zierde erweckt, wird es in der Beschaulichkeit interessanter.

Es kann sich im Sinnesstrom verjüngen. Es ist die Materie tatsächlich in einer feinsten blütenhaften Veränderung gegeben und es ist förmlich so zu beobachten, wie wenn an der Oberfläche eine gewisse Blütenbildung stattfindet. Ein Gedanke wird einerseits hinzugefügt, er gehört zu der imponderablen Welt, das heißt zu einer ganz unwägbaren, substanzlosen Welt, aber er besitzt in sich eine Ätherkraft und diese Ätherkraft fügt sich so hinzu, dass die Oberfläche der Materie nun wieder fein zu blühen beginnt und sich das Gesamte aber in der materiellen Substanzdominanz zurücknimmt. Es wird beschaulicher. Diese Formung kann an den Gegenständen gesehen werden.

Wie verhält sich die Sinnesfreude gegenüber dem Menschen? Am Menschen ist es ganz außerordentlich interessant, wenn man sich einmal der Aufgabenrichtung hingibt und feststellen möchte, wie jener Mensch wirkt, der Gedanken wirklich zum Thema weiter tragen kann und im Gegensatz dazu jener Mensch wirkt, der diese Fähigkeit nicht in sich entfaltet, der also mehr oder weniger passiv bleibt und sich nur den gegebenen Emotionen überlässt. Es wird derjenige, der diese Aktivität nicht nützen kann, früher oder später in die Problematik eintreten, dass er seines physischen Leibes nicht recht Herr werden kann und der physische Leib trotz allerlei Klagen und Beschwerden dominieren wird. Der physische Leib wird sich tendenziell eher als etwas Aufdringliches zeigen. Dieser aufdringliche physische Leib zeigt sich ganz besonders, wenn jemand sich einmal der

Mühe hingibt und ganz objektiv eine Begierdenform, die über dem Menschen ausstrahlt, studiert. Die Begierdenform, die über dem Menschen ausstrahlt, bringt das Physische zum Dominieren. Es gibt zwar allerlei Formen, die oft so eigenartigen Charakter haben, dass das nicht immer gleich sichtbar ist. Die typische Begierdenform aber ist so ausgerichtet – die urbildlich typische Form –, dass sie das Physische in den Vordergrund rückt. Der Sinnesstrom, wenn er mit den Begierdenformen zu sehr eingenommen ist, führt dazu, dass schließlich das ganze physische Wesen eine mehr oder weniger triebhafte, emotionale Einheit wird. Ist es aber so, dass der Mensch sich organisieren lernt, dann weicht das Physische tendenziell zurück. Im Sinnesstrom, wenn er dem anderen begegnet, wenn er einem anderen Menschen mit den Augen oder den wahrnehmenden Organen der Sinne gegenübertritt, zeigt sich ebenfalls ein Zurückweichen des Physischen und ein blütenhaftes Aufleuchten von Empfindungen. Es ätherisiert sich die periphere Umgebung.

Dieses Wesen des Physischen sollte deshalb im gesamten Prozess einer geistigen Entwicklung nicht zu dominieren beginnen. Die alten Mystiker mussten dieses Wesen des Physischen mit harten Methoden der Askese bekämpfen, damit sie sich auf dieser Grundlage wieder einen Raum für das Geistige frei halten konnten. Der Prozess, der aber hier in der Schule mehr gefördert werden soll, ist derjenige, der aktiv in der Seele wurzelt und der den Sinnesstrom als eine Möglichkeit nimmt, ihn mit den geeigneten Gedanken zu erfüllen, so dass schließlich aufgrund dieses Sinnesstromes eine ätherisierte Aufbauleistung in der Umgebung eintreten kann. Diese ätherisierte Aufbauleistung kann schließlich dann zu dem glücklichen Freudeempfinden des Miteinanders führen. Der Übende muss sich jedoch der dringenden Disziplin widmen, ein wirklich gebundenes Wesen, das sich im Physischen manifestiert hat und das sein Unwesen darin treibt, von dem zu unterscheiden, was ein freies Wesen ist, ein frei verfügbares Wesen. Indem aber diese Unterscheidung ausgeprägt wird, beispielsweise zwischen dem, was Passion ist und dem, was die Möglichkeit zur Sinnesfreude gibt, kann eine ganz andere Dynamik im Leben entstehen.

Sicher gibt es immer Gelegenheiten im Dasein, bei denen der Mensch einmal Abstand nehmen muss, da ihn Bedingungen überfordern oder da Umstände für die Entwicklung nicht brauchbar verarbeitbar sind. Es gibt immer soundso viele Bedingungen im Leben, wo man besser die Augen schließt und auch besser seine Worte zurückhält, weil sie wirklich eine Überforderung darstellen würden. Aber es gibt auf der anderen Seite auch einen ganzen Raum von offenen Möglichkeiten – und dies vielleicht sogar in schwierigen Umständen – der betreten werden kann, wo man

114

auf lebendige Weise in Beziehung treten muss und auf lebendige Weise auch etwas schaffen kann, etwas kreieren kann, das wieder in einen nächst möglichen Aufbau überführt.

Es wurde beispielsweise am Anfang dieser Tage schon darüber gesprochen, dass der Mensch deshalb in Bindungen gerät oder in zu stark emotionale Verhältnisse hinabfällt, wenn er die anderen Qualitäten des Daseins, die möglich wären oder notwendig wären zu entwickeln, nicht ergriffen hat. Fehlen also in der Biographie des Einzelnen zu wesentliche und wichtige Schritte, beispielsweise im dritten Lebensjahrsiebt, vierten Lebensjahrsiebt und vielleicht sogar darüber hinaus, dann wird er es später umso schwieriger vorfinden in eine rhythmische, gesunde Entwicklung einzutreten. Diejenigen Unterlassungen oder Verluste, die bei ihm vorliegen, verhindern, die rechten Ideale auf einer freien Ebene zu vertreten. Er wird also leichter in die Versuchung kommen, mit emotionalen Bindungsabsichten diese Verluste, die sich tatsächlich als Substanzverluste im Ätherleib und auch in den gesamten Leibern befinden, zu kompensieren. Er muss also gewissermaßen Bindungen eingehen, damit er diese Welt überhaupt ertragen kann.

Wenn der Einzelne diese Defizite bei sich feststellt, so sei das für ihn nun nicht sogleich ein Schreckensgespenst, denn der Weg der geistigen Entwicklung ist nicht ein Weg, der sofort in eine Abrechnung eintreten müsste, sondern dem noch in der Regel eine geraume Zeit beigemessen werden kann, die nutzbar ist, um nach und nach das eine oder das andere im Leben zu verbessern. Man kann sich ganz als ehrlicher Bürger hingeben und den festen Entschluss fassen, dass man mit Beginn einer vernünftigen Entscheidung einmal die Lebensqualitäten anhebt und mehr spirituelle Absichten pflegt und man wird dann sicher auch mit sich selbst so weit in das Reine kommen, dass noch einige Tage der Lebenszeit zusätzlich gewährt werden, die man sinnvoll nützen kann. Wenn man mit sich selbst so in das Zwiegespräch geht, dann glaube ich, braucht man noch nicht sogleich Angst haben, dass einen der Tod schneller ereilt, als dass man etwas Geistiges zu Wege bringt.

Die Möglichkeit, diese Sinnesentwicklung zu tätigen, ist schon an das Interesse und an die Tugend des Mutes gebunden. Das ist das Wagnis, auf einen anderen Menschen wirklich zuzugehen. Man beachte einmal die falsche Zurückhaltung, die ängstliche Reservehaltung des Gemüts, das Festhalten des physischen Leibes. Es ist häufig im Innersten eine Art Schuldgefühl oder ein hinderliches Wesen tätig, das sich wie eine Barrikade aufrichtet und sagt: Ich darf doch gar nicht auf diese Weise auf den anderen zugehen, denn es könnten eventuell Schwierigkeiten oder Komplikationen entstehen. Allerlei nur eigentümliche Hemmungen können sich der Kommunikation mit Worten und Sinnen entgegenstellen. Das ungeschulte Gemüt wagt eigentlich nicht den Schritt etwas luftiger in die Beziehungsfähigkeit hinein. Es ist förmlich so, wie wenn man noch einige Reserven zuerst bei sich behalten möchte und einige zusätzliche Aufbauleistungen im Physischen bewerkstelligen möchte, bevor man wirklich einen etwas weiter gefassten Schritt auf den anderen zugeht. Es ist dies ein wirkliches Festklammern am physischen Leib. Ein Beispiel kann das wieder beleuchten.

Gibt es Schwierigkeiten im Zusammenhang mit den Eltern, so kann gerade einmal eine gewisse vorsichtige Einräumung eines Abstands eine erste Klärung geben. Indem man sich einmal etwas ruhiger und distanzierter gegenüber den bekannten und althergebrachten emotionalen Verhaltensmustern, die leidlich miteinander ausgetauscht werden, bewegt, ist es meist bald möglich, dass der Einzelne auch eine klarere Sicht gegenüber den wahren Bedingungen gewinnt. Eine Distanz zu gewissen emotionalen Verhaltensweisen oder zu Begegnungsformen dieser Art ist immer wertvoll, weil dann durch die Distanz auch mehr Klarheit auftreten kann. Es kann eventuell auch dazu führen, dass die verschiedenen Verletztheiten, die sich häufig gegenseitig entwickeln, zu einem besseren Abklingen und auch zu einer Natürlichkeit wieder zurückfinden. Das Problem, das fast immer innerhalb der bekannten familiären, genetischen Verhältnisse besteht, kann aber durch die äußere Distanz nicht gelöst werden. Es wird aber dann zu einem wirklichen Neuanfang kommen, wenn es dem Einzelnen tatsächlich möglich wird, mit neuen thematischen, gehobenen und bewusst gewählten Inhalten in eine aktive Aufnahme der Begegnung einzutreten und wenn er die Begegnung nun gemäß einer Unabhängigkeit seiner Seele führen lernt.

Man kann die Frage stellen: Wer führt eigentlich ein Gespräch innerhalb einer Familie oder innerhalb einer altbekannten Begegnungsform? Es ist ja die Führung in der Gewohnheit des Ätherleibes eingraviert und so kann man sagen, all das, was bisher am physischen Leib durch den Ätherleib gebunden ist, das trägt weiterhin die Führung in dem Gespräch. Der alte Ätherleib führt unbewusst das Gespräch im Bekanntenkreis. Es ist aber möglich, dass der Mensch sich nun selbst der Mühe hingibt und eine Führung für ein Gespräch aufbaut und dabei einen unabhängigen, zwangfreien und souveränen Charakter bewahrt. Er kann also sagen: Ich möchte die Stimmungen nicht nur abwarten, ob ein gutes Einvernehmen oder eine gute Freundschaftlichkeit in der Familie entsteht. Ich gehe von Anfang an davon aus, dass ein gutes Einvernehmen und eine gute Freundschaftlichkeit entstehen können und weiterhin gehe ich sogar davon aus, dass alles an den richtigen Platz rücken wird. Ich beginne mit einem freien Gefühl.

Das Negative wird bei dem Negativen unausgesprochen bleiben und das zu Entwickelnde wird in die Entwicklungsposition geführt. Ich gehe also davon aus, dass ich für ein Gespräch unter Bekannten ein gewisses Ideal trage sowie alle menschlichen Möglichkeiten und Bedingungen berücksichtige, die notwendig sind, damit ein reibungsloser Ablauf und auch ein großzügiger Raum für das ganze Gefühlsleben möglich wird. Freizügigkeit und Großzügigkeit begleiten als Seelensterne die Haltung. Es ist die Möglichkeit also gegeben, dass die Führungsqualitäten durch bewusste, unabhängige Wahl eintreten und nicht mehr der physische Leib und der daran gebundene Ätherleib mit all seinen Gewohnheiten bestimmend wirkt, sondern dass man neue Gewohnheiten, beziehungsweise Möglichkeiten, Gedankeninhalte und Themen entwickelt, diese vernünftig in Übereinstimmung führt und schließlich mit diesen in eine ungewöhnliche Kursrichtung ausgleitet. Wenn schließlich die Kraft der Phantasie zu Ende ist, muss man sich eben wieder verabschieden und dann grüßen: „Danke, es war ein schöner Nachmittag", und wird sich wieder zurückziehen.

Die freie Kommunikation und die Sinnesfreude beleben in gewisser Weise die Gesundheit für sich und auch für die anderen. Was der andere nun daraus macht, sei ihm selbst überlassen. Er wird in der Regel zumindest dieses, wenn es vernünftig entwickelt ist, nicht negativ bewerten können und er wird auch gar nicht unbedingt auf die Idee kommen, es negativ zu bewerten. Wenn Negatives sich daraufhin dennoch entwickeln sollte, so muss man eben prüfen, ob man wirklich ernsthafte Fehler begangen hat oder muss sich einmal darüber klar werden, dass vielleicht so manches negative Wesen, das schon in die Existenzgründe eingedrungen ist, nicht sofort zum Schweigen kommen möchte. Eine gewisse Geduld, eine natürliche Ruhe und Ausdauer darf sich ein jeder auf diesem Weg einräumen.

Eine Aktivität ist in jedem Fall der Kommunikation günstiger als ein passives Erwarten und Hoffen auf bessere Umstände. Wenn man vor einem Menschen Angst hat, weil er vielleicht schon mit unhöflichen Forderungen an das Eigene herangetreten ist, kann man sich natürlich entscheiden, dass man sich von diesem Menschen fernhält. Aber diese Entscheidung sollte ebenfalls bewusst getätigt werden. Man kann des Weiteren eine gewisse Selbstprüfung eingehen und sich fragen: Warum habe ich vor dem Menschen Angst? Welche Umstände sind in mir gegeben, dass ich Angst habe? Schließlich darf durchaus auch die Frage an einen Freund gerichtet werden: Warum habe ich vor diesem Menschen so eine Angst? Ist diese in mir begründet, liegt diese tendenziell mehr an meiner Art, an meinen Benehmensformen oder liegt diese tatsächlich objektiv vor, und kann diese von anderen ebenfalls wahrgenommen werden?

In der Regel besitzt die Angst einen objektiven Grund. Wenn man vor einem Menschen Angst hat, dann kann der Astralleib nicht sehr leicht in eine vernünftige Ordnung gebracht werden. Der wesentlichste Faktor wäre aber, gerade dann auf richtige Weise eine Begegnungsaktivierung herbeizuleiten, so dass man seine Hemmnisse übersteigen lernt oder seine Ängste mehr in eine Qualität des Miteinander-Umgehens formt und dass man gerade auch dort, wo berechtigte Ängste zur Vorsicht ermahnen, diese aber trotzdem im Bewusstsein behält und auf geeigneter Ebene eine günstigere Ausrichtung objektiver und freier Gedanken pflegt. Es kann also der Übende in jeder Situation des alltäglichen Lebens mit einer neuen Ordnung des Astralleibes beginnen. Sie benötigt aber eine gewisse Vorbereitung. Es muss also dazu gesagt werden, dass man in der Regel auf spontane Weise nicht wirklich richtig reagieren kann, da die Gedanken, die sich dann auch im rechten Zusammenhang ausdrücken sollen, nicht sogleich zur Verfügung stehen. Die Gewohnheit des Ätherleibes bleibt leider oft in seiner Schwere haften. Es muss also eine Vorbereitung für so manche Situation des Lebens gepflegt werden. Ganz besonders kann aber die Sinnesfreude auf verschiedenen Gebieten in das Erleben rücken, denn diese ist es, die den Astralleib blütenhaft beflügelt. Es ist nun wertvoll, wenn einige konkrete Gebiete einmal aufgezeigt werden können, wo die Sinnesfreude in ein richtiges existentielles und anwendbares Dasein eintreten kann.

Ganz besonders ist hierfür das große weitreichende Gebiet der Ernährung gegeben. Die Ernährung wäre so wertvoll, wenn sie unter jenen wirklich leuchtenden Sternen stehen würde, die im wahrsten Sinne widerglitzern in. einer durchlichteten und graziösen Kunst. Sie wäre so wertvoll dahingehend, dass der Mensch eine zunehmende lichtvolle und künstlerische Beziehung zum Essen gewinnt und das Essen sogar als Teil der Gabe in den gesamten Kosmos wertschätzt, als dass er das Essen nur als physisches Gaumenbedürfnis, als eine physische Notwendigkeit allein sieht. Der Mensch ist so organisiert, zumindest im gewöhnlichen Dasein, dass er essen muss. Wenn er nicht isst, dann ist er mit einiger Zeit doch nicht mehr imstande eine wirkliche Leistung zu erbringen. Er muss sich also mit der Materie auseinandersetzen und somit muss er essen und verdauen und die Nahrung auf richtige Weise bewältigen.

Dieses Essen ist nun entscheidend, denn es findet einerseits in der Tiefe der Verdauung eine geheimnisvolle Umsetzung aller Partikel statt, dort, wo eigentlich niemand genau eruieren kann, wie es geschieht und was geschieht. Es wird nicht der Einzelne denken können: Wie viel Pankreasenzyme müssen zur Verfügung gestellt werden, damit dieses Kohlenhydrat oder dieses Eiweiß abgebaut werden? Wie viel Gallensaft tritt hinzu und wie findet nun der komplizierte Aminosäurenaufbau in der Leber statt? All diese Prozesse sind wirklich in das Dunkle des Menschen hineinverhüllt. Ist dieses Innere wirklich unabhängig? Nein, es ist nicht nur im Inneren eine unbewusste Verdauungstätigkeit. Die Prozesse sind nicht so dunkel in das Innere hineinverhüllt, denn sie finden gerade schon in der ersten Sinnesberührung einen ganz wesentlichen Ausdruck.

Der Mensch erlebt die Nahrung ganz offensichtlich in ihrer lichten Begegnung. Wenn der Blick des Auges auf die Nahrung fällt und wenn die Nahrung auch mit einem bestimmten Schimmer wieder auf den Menschen zurückstrahlt, dann zeigt sich eigentlich schon die Vorbereitung zu den Prozessen, die sich im Inneren bewegen werden. Das, was schon alles im Vorspiel ist, wie und in welcher moralischen Qualität und in welcher fachlichen Übereinstimmung, in welcher Sorgfalt und in welcher Art Hinwendung, begleitet wieder denjenigen Prozess, der sich auch im Inneren ereignen wird. Er wird nur im Inneren auf eine ganz besondere körperchemische Umsetzung kommen.

So stelle man sich einmal vor, wie das dem Menschen zum Schaden wird, wenn nun ein Betrüger am Nahrungsmittel mitgewirkt hat. Es erzählte ja Sai Baba einmal die Geschichte, dass jemand krank geworden sei und es konnte ihm kein Arzt helfen, bis eben dann ein Weiser einmal gekommen ist und gefragt hat, was er denn gegessen habe und woher das Nahrungsmittel gekommen sei. Nach geraumer Forschungstätigkeit wurde festgestellt, dass ein Betrüger die Nahrung gekauft hatte und dass damit die Ursache für die Krankheit gesetzt worden ist.

Man glaubt nicht, wie diese Prozesse ganz wesentlich mit dem Menschen und seinem inneren, organischen Leben zusammenhängen. Man kann fragen, denn man ist heute krank geworden: Warum ist man krank geworden? Es bleibt meist ein großes Geheimnis. Warum hat man diesen oder jenen Virus aufgenommen, warum sind diese oder jene Umstände der Schwächung hereingetreten? Schwächend wirken oftmals diese Umstände, die innerhalb des moralischen Stroms des äußeren menschlichen Lebens nicht verdauungswürdig sind, die man eigentlich im Organisch-Inneren nicht bewältigen kann. Das, was sich in der ganzen Nahrungsforschung, in der ganzen Sinnesbereitung des Essens mit der gedanklichen Qualität entwickelt, kann entschieden den Menschen stärken oder kann ihn natürlich auf der anderen Seite in eine Dumpfheit und Schwächung führen.

Die Nahrung, die man üblicherweise in Bayern gewohnt ist, ist nicht unbedingt das beste Vorbild. Man beachte einmal, wie im Gegensatz dazu die gewöhnliche Nahrung in Italien ist, die so mitteldurchschnittliche Nahrung in Italien. Es ist in Bayern doch der Konsum von Fleisch nicht gerade nach minderer Quantität bemessen. Der Konsum von Fleisch ist in Italien reduzierter und Teigwaren treten zum Beispiel als Grundnahrungsmittel hervor. Aber auch die Art der Präsentation, also wie Nahrung angeboten wird, wie sie in Restaurants serviert, wie mit ihr hygienisch umgegangen wird, trägt eine weitere Unterschiedlichkeit in sich. Es sind nicht nur mentale Unterschiede der Auffassung gegeben, sondern es sind wirklich auch die ästhetischen Umgangsformen ganz anders. So kann gesagt werden, dass durch die Art, wie die Nahrung von ihrem umfassenden Sinnesschein wirkt und wie sie aufbereitet ist, Licht oder Dunkelheit gegeben wird. Je mehr sich der Mensch nun bemüht um eine angemessene Atmosphäre und auch um eine wirkliche Qualität des Lichtes in der Nahrung, sei es einmal von außen hereingetragen oder sei es schon von Anfang an durch Anbau und Qualitätssicherung des Nahrungsmittels motiviert, desto mehr bewirkt dies im Inneren eine ganz wesentliche gesundheitliche Bereicherung.

Das Sinneserleben in der Nahrung kann so manche Ernährungsstörung, die heute nicht gerade selten vorzufinden ist, sehr heilsam beeinflussen. Gerade diese Bereiche, die mit Gewichtsverlust oder Übergewicht einhergehen, sind eigentlich immer auch auf einer Störung aufgebaut, die das sinnesfreudige Erleben der Nahrung zu wenig berücksichtigt. Wird dieses sinnesfreudige Erleben in der Nahrung mit berücksichtigt, so kann so manche wirkliche Frage des Fastens oder – wenn man es nach dem Gewicht bemisst – so manche ästhetische Körperfrage plötzlich ganz in den Hintergrund rücken. Es ist wirklich so, dass die Art des Umgehens mit der Nahrung ganz natürlich die Sinnesfreude aufnehmen kann.

Ganz besonders aber lässt sich wieder die Sinnesfreude entdecken auf jenem Gebiet, das das menschliche Miteinander-Umgehen ist. Dieses menschliche Miteinander-Umgehen bezieht sich einmal auf alle Familiensituationen, Verwandtschaftssituationen, Freundschaftsverhältnisse. Des Weiteren bezieht es sich aber ganz bedeutsam auch auf die Einheit zwischen Mann und Frau und wir können fragen: Wie blicken sich schon diese ersteren Einheiten einer Beziehung an? Wie blickt man sich denn überhaupt täglich an? Man muss sich förmlich einmal die Frage nach soundso vielen Jahren der Beziehung einräumen und sie einmal ganz konkret in die Mitte rücken: Wie blicken wir uns denn selbst eigentlich an? Wie sind wir durch die Gewohnheiten der ganzen Zeiten hindurch vielleicht gerade in diesem Sinne zueinander in Passivität geraten? Gerade in den besten Gewohnheiten ist ein Aufschwung zu entwickeln und man kann sich sagen: Alle Leidenschaft ist uns ja eigentlich nicht dasjenige, was uns auf Dauer zufriedenstellen kann, wir müssen darüber hinaus eine Qualität des Lebens entwickeln, die viel großzügiger und weitreichender ist und die vor allen Dingen dauerhaft ist, die also diejenige Dauerhaftigkeit besitzt, die das Leben von innen heraus mit einem bleibenden Wert tragen kann.

Diejenige Wahrheit, die nämlich von spiritueller Seite in der Beziehungsfrage hinzugefügt werden kann, sagt aus, dass es Möglichkeiten des Miteinanders gibt, die aufgrund einer Sinnesfreude bestehen können und die eine faszinierende Verjugendlichung des Daseins darstellen, dass man bis in das späte Alter hinein nicht leidenschaftlich ist, sondern freudig und anziehend im Umgang. Gerade die Anziehungskraft ist eigentlich das Wesentliche. Man bemerkt jedenfalls, dass es im Beziehungsleben jene Wesen gibt, die diese Anziehungskraft wirklich verändern, und das sind in negativer Hinsicht diejenigen Wesen, die sich in dem emotionalen Bereich des Forderns bewegen und eine verödende Wirkung mit zerstörenden Folgen hinterlassen. Sie sind dann meist mit irgendwelchen Leidenschaftlichkeiten oder derben Begehrensmustern verbunden. Dann gibt es eben ganz andere Dimensionen des Daseins, die wirklich die Entwicklung in eine Verbindung, in ein Zueinander fördert und die immer wieder die Materie verjugendlichen und das Leben erhalten. Das Geheimnis ist es ja schon, dass man nicht auf das Zueinander verzichtet und damit nicht in das Asketische verfällt, sondern dass man lernt, aufbauend aufeinander zu zugehen, das heißt dass man sich wirklich einmal der Mühe hingibt und die großzügige Qualität von jener Bewusstheit entwickelt, wie man auf den anderen so zugehen kann, dass dieser in sich einen möglichen Gedankenstrom für einen zukünftigen Aufbau empfängt. Dieses Zueinanderkommen ist letzten Endes dann das Geheimnis für eine wirkliche Beziehung. Dieser Mühe muss man sich aber hingeben und hierzu muss man auch ein ganzes Ja-Wort hervorbringen. Würde man dieses Ja-Wort eben nie hervorbringen können, so blieben manchmal diese ganzen emotionalen und vorwurfsvollen Verhaftungsmuster in der Körperlichkeit bestehen.

Für das Miteinander-Auskommen in den engeren Beziehungskreisen und auch dann in allen freundschaftlichen Verhältnissen wäre eigentlich ganz besonders das Element einer positiv getragenen und aufbauenden Sinnesfreude sehr wesentlich. Diese Sinnesfreude kann nun aber auch auf allen weiteren Gebieten ihren Ausdruck nehmen. Es wurde gestern schon angeregt, dass man einmal den Vergleich anstellt zwischen der Leidenschaftlichkeit des Sinnesverhaftetseins beim Bergsteigen einerseits und auf der anderen Seite der Möglichkeit, die Sinne auch aktiver zu tätigen und zu einer Kontemplation weiterzugehen, die wirklich über die Grenzen der persönlichen Subjektivität hinausgeht und schließlich auch die gesamte Einbindung in das Erlebnis fördert.

„La Fessura dell´ Hades" von Heinz Grill (oben) in einem Kletter-
gebiet bei Arco. Diese Kletterroute ist geprägt durch einen Riss im
Mittelteil, der besonders charakteristisch für diese Tour ist.

Beim Bergsteigen wird es recht deutlich, wie man wirklich der Leidenschaft unterliegen kann und wie auf der anderen Seite eine Beziehungsfähigkeit, eine wachsende Aufnahme der Sinne zu den verschiedenen Objekten des Daseins entsteht. Man achte nur einmal darauf, wie sich jemand bewegen muss, der eine überdurchschnittlich schwere Stelle zu bewältigen hat, also eine Stelle, die eigentlich nicht mehr menschengemäß ist, die aber durch entscheidendes Training dann doch bewältigt werden kann. Es gibt also solche Schwierigkeiten beim Bergsteigen, die technisch gesehen den siebten, achten oder neunten Grad darstellen. Für diese Schwierigkeit ist eine beträchtliche Akrobatik vom Menschen gefordert. Vor etwa dreißig Jahren zurück war die sechste Stufe der Schwierigkeitsskala, also ein sechster Grad, der Gang an der Sturzgrenze. So war dieser Grad definiert. Heute ist die Schwierigkeitsskala bis zum elften Grad geöffnet. Dies ist eigentlich eine Schwierigkeit, die im wahrsten Sinne unglaublich zu bemessen ist, die unglaublicher Art ist. Wenn sich nun der Mensch solchen Schwierigkeiten hingibt, dann sei dies moralisch nicht sogleich verwerflich, es ist nur – wenn er das längere Zeit dann zu seinem Lebenszielkonzept macht – wirklich deutlich, dass er eigentlich das Objekt, um das es sich handelt, nicht mehr kennen kann, denn er muss sich zu sehr subjektiv in seiner Welt mit Krafteinsatz und Training verausgaben. Er kann eigentlich keine Beziehung auf einen größeren Rahmen ausdehnen. Er muss alle Kraft dazu nützen, diese Leistung bei sich durch entschiedenste Vitalkonzentration zu erbringen. Man hat es hier tatsächlich auch mit einer gewissen Leidenschaftlichkeit zu tun. Das menschliche Dasein stürzt in eine Kellersituation.

Ist aber eine objektivere Einbindung in die Geschehnisse gegeben, so dass der Einzelne sein Objekt der Liebe kennenlernt, das heißt die Form seiner Wand, seines Berges kennenlernt, wie die Risse im Vergleich zu den Platten anders gegliedert sind, wie etwa durchsetztere Geländeformen im Vergleich zu sehr kahlen und wirklich reinen Felsformen sind, wie allgemein die Formen eines Bergmassives gegeben sind, wenn sich der Mensch selbst mit der Form beim Bergsteigen auseinandersetzt und wenn er also Begriffe bilden lernt, die ihn in einen erweiterten Erlebensraum führen, dann kann er natürlich ganz besonders eine aufsteigende Sinnesfreude erleben und mit Hilfe dieser Sinnesfreude das sportliche Gebiet nahe in sein ganz persönliches Leben integrieren. Es wird dann der Sport nicht mehr zu einer einseitigen Kompensation mit allerlei Vitalenergien, sondern es wird der Sport dann auch ein Teil, der den gesamten Erlebensraum verfeinert und der den Menschen in der weiteren Bezugsaufnahme zu spirituellen Idealen fördert. Ist aber der Sport beispielsweise zu sehr an die Leidenschaftlichkeit der Leistung gebunden, dann ist damit auch ein gewisser Hinderungsgrund für die weitere Verfeinerung der Gedankenentwicklung und des möglichen Aufbaus gegeben.

Die Sinnesfreude auf der einen Seite, die Leidenschaftlichkeit auf der anderen Seite stehen sich gegenüber, sie sind im gesamten Leben wohl immer anwesend. Ist aber die Möglichkeit für den Menschen gegeben, die Sinnesfreude aktiv so zu entwickeln, dass sie die Kräfte der Leidenschaftlichkeit aufwertet und schließlich sogar ausspurt, dann wird der Mensch natürlich zu einer ganz anderen Würde und Kraft im Leben aufsteigen.

Ein ganz wesentliches Gebiet, das wohl heute abend noch einmal zum Tragen kommen kann, ist auch die Musik. Es kann in der Musik – und hier ganz besonders – von bestimmten Erlebensformen ausgegangen werden, die so manche Leidenschaftlichkeit übertönen und in ein aufmerksames, bewusstes Sinneserleben überführen können. Mit dem Tonerleben kann nämlich gerade vorzüglich eine Darstellung erfolgen, dass der Ton für sich selbst ein ätherisiertes Wesen ist. Er kann selbst als Wesen aus sich selbst hervorkommen. Man höre deshalb einmal genau auf die Musik hin – zwar genau, aber nicht überkonzentriert, sondern in einem mehr gedanklich aufmerksamen Sinn – und achte, wie die Musik in den Raum ausstrahlt. Die Musik kann in den Raum schwingen, aber sie kann auch, wenn der Begriff einmal als Gegensatz dazu benützt wird, in den Raum ausstrahlen.

Das schwingende Wesen der Musik ist wohl vielleicht das bekanntere und es ist auch nicht zu tadeln. Dieses schwingende Wesen der Musik ist je nach Qualität des Gesamten einmal mehr oder weniger günstig. Es gibt ganz außergewöhnlich hohe Musikarten, die eine hervorragende Sphäre kreieren und wenn sie dann von dem Musiker noch so durchdrungen werden, dass sie durch ein sprechendes, wirkliches Bewusstsein getragen sind, so ist die Musik wirklich ein Zustrom für die Lebensenergien. Die ausstrahlende Kraft der Musik ist dagegen noch unbekannt und man würde sie wohl begrifflich nicht auf diese Weise benennen, denn man würde sagen, eine Musik fließt, sie besitzt etwas Hineinschwingendes, Bewegendes für das Gemüt. Der Mensch wird innerhalb des Raumes bewegt. Es kann der Mensch nun aber so angesprochen werden, dass er mehr in seiner vertikalen Form bewegt wird und dass die Musik in sich selbst durch den einzelnen Ton ätherisiert wird. Der Mensch bewegt sich dann nahezu aus dem Raume heraus. Indem die Töne sich ätherisieren, beginnt die Musik eine Tendenz einzunehmen, die nun ganz in die Zukunft eine Möglichkeit des reinen Bewusstseins offenbart. Sie strahlt nämlich wirklich wie ein Lichtvolumen aus. Es kann also die Musik ausstrahlen wie ein Stern, es kann der einzelne Ton als Einzelton erlebt werden und er fügt sich mit einem nächsten Ton zusammen und schließlich entwickelt sich ein ganzes Stück, das sich aus lauter Einzeltönen zu einem ausstrahlenden Gesamten offenbart. In melodiöser Hinsicht muss deshalb nicht einmal unbedingt eine Einbuße entstehen. Es ist gewissermaßen nur ein Zusatzbewusstsein erforderlich, das die Disziplin des Musikalischen in ein nächstes Zentriertsein, in ein noch einmal gedankliches und ganz bewusstes Zentriertsein einmündet. Das Musikalische ist dann mehr an das Innere des Menschen gerichtet und kann ihn in diese vertikale Aufrichtung führen. Es fördert ihn dann in der Innerlichkeit des Geistes und enthebt ihn aus den Räumen des Körpers.

Interessant ist es nun, wenn diese Sinnesfreude einmal hinsichtlich dessen untersucht wird, wie sie wirkt im Sinne des seelischen Daseins und im Sinne des geistigen Daseins. Auf die irdische Ebene bezogen, um in aller Kürze den Sachverhalt noch einmal zu skizzieren, gibt das entwickelte Bewusstsein, das bewegte Bewusstsein von Phantasie und Lebendigkeit, Begegnungsfähigkeit und Anziehungskraft immer eine tendenzielle gesundheitliche Bereicherung. Der Mensch wird tendenziell in seinem gesundheitlichen Vermögen gestärkt. Askesen schwächen den Menschen, wenn sie in Übermaßen auftreten und auch Leidenschaftlichkeiten schwächen den Menschen, ganz besonders wenn sie in zu unangebrachten Situationen entstehen. Die Sinnesfreude stärkt die gesundheitliche Kraft des Menschen.

125

Die seelische Welt dagegen wird nun die Sinnesfreude wahrnehmen in der irdischen Welt. Die Sinnesfreude wird nun nicht eine so starke Kraft sein, wie beispielsweise eine regelrechte Disziplin, die errungen wurde von dem Menschen und die nun wirklich als Gabe dargebracht werden kann für die Mitmenschen. Die Sinnesfreude ist für die Seelenwelten etwa so viel, wie ein ruhiges Verharren. Die Toten bemerken, dass sie durch die Sinnesfreude nicht beunruhigt werden. Die Leidenschaftlichkeit beunruhigt die Toten. Die Sinnesfreude dagegen lässt die Toten in ihren Phasen des Daseins ruhen. Dieses mehr Zur-Ruhe-Kommen ist auch etwa so, wie wenn man heute einen Termindruck hätte und plötzlich erfährt, dass der Termin verschoben ist und man noch eine Woche mehr Zeit zur Vorbereitung hat. So ist es auch, wenn der Einzelne von der Leidenschaft zur Sinnesfreude pendelt, dass der Tote bemerkt, wenn endlich wieder ein gewisser Gedanke in die Sinne hineinfließt, der die Sinne bewegt und lenkt, dass damit die Spannung von ihm weicht und er wieder etwas zufriedener in seinen Sessel sich zurücksetzen kann. Das Bild ist natürlich nur ein vager Vergleich. Es ist tatsächlich so, dass gewisse Spannungen, die die Leidenschaftlichkeit in aller Nervosität aufwerfen, zur Ruhe kommen und Zeit gewonnen wird. Es wird nicht Zeit vergeudet, sondern es wird Zeit gewonnen. Der Tote empfindet noch keine Erlösung, noch keine wirkliche Befreiung durch die Sinnesfreude, aber er bemerkt, dass er wirklich mehr Zeit zum Atmen, Zeit zur Beschaulichkeit erhält und dass er mit Ruhe und Geduld auf die nächsten Leistungen der übrigen Welt blicken kann.

Auf die geistige Welt bezogen, also auf die schöpferische Wirklichkeit, die jenseits des Totenreiches steht, ist es ebenfalls so, dass die Sinnesfreude als etwas sehr Neutrales im Leben beachtet wird. Die Sinnesfreude ist weder gut noch böse, sie ist weder ein Verlust, aber sie ist auch noch kein großer Gewinn für die geistigen Welten. Noch ist nicht wirklich etwas geschaffen, das eine wertvollste Kapazität für die geistige Welt geben könnte. Die geistige Welt ruht gleichmütig und gelassen. Es kann deshalb die geistige Welt mit friedvollem Gleichmut gegenüber der irdischen Welt verharren. Die Sinnesfreude ist deshalb eine der normalen und natürlichen Begegnungen, die das Geistige offen lässt und die das Irdische ebenfalls in einem natürlichen Zugehörigsein akzeptiert. Es ist auch auf dieser Ebene die Einkehr von Natürlichkeit gegeben.

Diese Sinnesfreude ist also eine ganz wesentliche Seite des Daseins, die keine große Sünde verursachen kann. Sie gibt dem Menschen Erholung und gibt die nötige Zeit auch auf den Wegen des irdischen Daseins, sich mit den Bedingungen zu versöhnen.

In diesem Kontext der Betrachtung einer geistigen Schulung ist es so wichtig, dass der Mensch nicht zwischen pausenlosen Versuchen des asketischen und weltverneinenden Daseins zu verstärkten emotionalen Bedingungen und Leidenschaftlichkeiten hin und her pendelt, sondern dass er in seinem Dasein sich der Mühe hingibt, die Bedingungen möglichst angemessen zu kreieren, so dass also ein Lebensraum des gesundheitlichen Daseins gefördert wird, der gleichzeitig aber Entspannung und Offenheit für nächstmögliche Schritte gibt. Die Sinnesfreude, wie sie dargestellt worden ist am Beispiel des Bergsteigens, am Beispiel des menschlichen Zueinanders oder auch in gehobenen Bereichen des fachlichen Daseins, beispielsweise in der Entwicklung der weiteren Ernährungskunde, der Musik, der *āsana*, der Pädagogik kann eine wirkliche schöne, versöhnende Erdenzeit geben.

Diese Möglichkeit wird in dieser Schule ganz wesentlich ausgesprochen und in eine Beziehung gebracht mit der Lichtgestalt des Kosmos. Die Lichtgestalt des Kosmos, wenn sie auf diese Weise erfahren wird, zeigt an, dass der Mensch wirklich in das versöhnende Dasein der verschiedenen Bedingungen eintreten kann. Die Lichtgestalt des Kosmos gibt es noch nicht so sehr lange, sie ist erst in eine Geburt eingetreten, sie ist aber wirklich nicht zu vergessen, weil sie ein gewisses freudiges, lichtvolles Glitzern ermöglicht innerhalb der irdischen Bedingungen. Dem Menschen wird leichter ein natürlicher Schutz und auch eine bessere Gelassenheit entgegenkommen, wenn er sich mit diesem Wesen der Gedanken- und Sinnesentwicklung auseinandersetzt und die alte Materie in einen Blütenzauber des Neuen verwandelt.

Des Menschen Mittenstellung zwischen Welt und Geist in der Unterscheidung von Exoterik und Esoterik

Vortrag vom 03. 01. 2008

Wo können wir nun heute, am 3. Januar, anknüpfen? Welche Gedanken erscheinen aufgrund der bisherigen Ausführungen als recht wichtig und wertvoll? Es sind bislang von meiner Seite eine ganze Anzahl von Zusammenhängen und Inhalten aufgezeigt worden, die sicher für die Zielorientierung eine ganz wesentliche und wertvolle Perspektive geben können. Beginnend am 24. und 25. Dezember hatten wir uns das Zielkonzept für das kommende Jahr als wesentliche Aufgabe vorgenommen und dazu auch einige grundlegende Gedanken zur Art und Weise der Formulierung der seelischen und geistigen Ziele aufgebaut und hatten des Weiteren ganz konkrete Inhalte aufgezeigt, die wichtig wären, sie zu entwickeln. Es wurden also eine ganze Reihe direkter Inhalte gegeben, die in der Vorstellung einer geistigen Schulung einmal zur bewussten Zielorientierung und schließlich damit auch zur Verwirklichung kommen sollen.

Nun ist es eine der ganz großen Schwierigkeiten, wie das die Tage angeführt wurde, dass eventuell die Vorstellung gar keinen rechten praktischen, brauchbaren Boden findet und schließlich eine Art nur versuchte Vorstellungsbildung eintritt, die schließlich sich in einem mehr oder weniger deutlichen Scheitern der praktischen Realisation auswirkt.

Es gibt ja ganz viele Personen, die in ihrem Leben Zielkonzepte entwickeln und aber nach einigen Jahren später gar nicht mehr wissen, dass sie das jemals gemacht haben, die also vollkommen auch wieder in die Ferne getreten sind zu all diesen Vorstellungen. Es ist wohl dieser geistige Weg, wie er von mir dargestellt wird, schon ein recht anspruchsvoller Weg, ein Weg, der in sich selbst wirklich einige Schwierigkeiten aufweist. Eine jede andere Schule, die mehr noch in einem mystischen Zusammenhang bleibt, kann wohl leichter rezipiert und auch aufgefasst werden wie diese Synthese, die zwischen Geist und Welt erstrebt wird.

Die Orientierung, wie sie hier eintritt, ist deshalb anspruchsvoll und sie wird vielleicht die eine oder andere eigentümliche, vielleicht ganz unverständliche Lebenserfahrung voraussetzen, so dass erst nach einem gewissen Ablauf, vielleicht nach Jahren, die wirkliche konkrete Verwirklichung eintreten kann. Es ist aber in dieser Schule ein Wirken von Initiationskraft und Initiationssubstanz gegeben, das heißt all die Gedanken, die von mir ausgesprochen werden, alle diese Inhalte, die aus der geistigen Welt verkündet werden, all das, was wirklich an Taten, an Bewegungen, an Bemühungen von meiner Seite in den Kosmos und in die geistige Welt gegeben wird, wird sich früher oder später doch über den Weg der Initiation auch einmal wieder im Inneren der Seele bewegen. Es kann sein, dass diese Regsamkeit nach soundso vielen Jahren einmal eintritt, aber es kann auch sein, dass sie vielleicht erst ganz gegen Ende des Lebens auftritt, das heißt dass man vielleicht 20, 30, 40 Jahre vollbringt und diese Inhalte gar nicht wirklich bis zu einem Ende denken kann. Ganz unterschiedlich zeigen sich die Bewegungen des Geistes. Es ist der Geist in seiner Art, wie er sich manifestieren möchte, immer ein gewisses ganz undurchschaubares Geheimnis.

Das Zielkonzept jedoch sollte gerade den Menschen dahingehend stützen, dass er das, was noch nicht verwirklicht ist, all das, was er bisher nicht wirklich denken konnte, nicht wirklich zu seiner selbst machen konnte, doch einmal zu seiner Authentizität erwählt und es auch wirklich mit einer Selbstverständlichkeit des Willens im Leben ausdrücken kann. Der Wille wird in der Geistschulung nicht unmittelbar mit dem äußeren Zwang geschult, indem der Einzelne im Äußeren einige Übungen leistet, sie rhythmisch jeden Morgen beispielsweise ausführt, sondern der Wille wird so geschult, dass gewisse Gedanken so lange in die Konzentration und in die Aufmerksamkeit genommen werden, bis sie sich zu einem brauchbaren Gefühl weiterentwickeln und dieses – in der Summe vom Denken zum Gefühl – irgendwann einmal bis im physischen Leib ankommt und dort auch ein Willensgefüge bildet. Wenn nun jetzt jemand denken lernt im Sinne eines Ideales, einer idealen Vorstellung oder einer wirklichen idealen Zielorientierung, dann wird er aufgrund dieser Zielorientierung eigentlich schon dieses erhebende und ästhetische Wesen vorbereiten, das für ihn eine Formstruktur bis hinein in den physischen Leib werden kann.

Die Form des Ideals wird also erst einmal erschaffen, sie wird schließlich mit der Zeit erfühlt und irgendwann wird diese Form auch die menschliche Form selbst sein. Der Mensch wird zu der Form des Ideals oder er wird unmittelbar das Ideal verkörpern. Wie lange aber der Weg eben dauert und wie viele Hindernisse oder eigentümliche Umkehrbewegungen, ja Verkehrtheiten im wahrsten Sinne er bis dahin aufweist, das sei natürlich nicht in die Hände eines sogleich erstellbaren Konzeptes gelegt.

Auf diesem Weg des Zielkonzeptes ist deshalb auch die Art und Weise, wie eine Formulierung gelingt, sehr wesentlich, denn wenn diese günstig ist, also wenn die Art, wie der Gedanke gedacht und wie er niedergeschrieben oder wie er zumindest weitergetragen wird, sehr gut ist, dann kann der Weg natürlich auch umso schneller eintreten. Wenn dieser Weg der Formulierung und Gedankenbildung relativ schlecht ist, das heißt ungenau, unsolide oder wenn er auf eine Weise ausgerichtet ist, die in Wirklichkeit noch ganz andere Tendenzen trägt, dann ist tatsächlich diese Heranbildung des Ideales bis hinein in die physische Leiblichkeit eine ziemliche Beschwernis, gewissermaßen sogar eine Unmöglichkeit. Es müssen deshalb die Ideale in jenem Zusammenhang gedacht werden, der ganz genau der geistigen und auch genau der seelischen und physischen Welt entspricht. Dieses sorgfältige Denkprinzip und sorgfältige Schulungsausgerichtetsein sind deshalb schon ganz wichtige Forderungen, die sich in der Zukunft möglichst gut ergeben sollen.

Nun ist diese Veranstaltung, wie sie hier getätigt wird, zum einen einmal auch ein ganz wertvolles Experiment, weil ich bei dieser Veranstaltung mich ganz bewusst zurückhalte und nur außerordentlich wenig Weisungen gebe, also ganz wenig eigentlich zu allen anderen Referenten und Vorträgen hinzusage, ja zum Teil ist es mir gar nicht einmal ganz geläufig, was der Einzelne jetzt tatsächlich in seinem Vortrag heranführen möchte. Es ist für mich auch nicht wichtig, dass ich über alle Inhalte Bescheid wissen müsste und es ist vor allen Dingen auch meine Person nicht die Kontrollstelle, die bei getätigten Fehlern sofort eingreifen müsste. Das Wesentliche der Veranstaltung ist, dass jede einzelne Individualität zu einem Wachstum finden sollte oder könnte und dass diese Individualität sich auch in das Licht der Synthese von Geist und Welt zu rücken vermag. Nicht ein Oberhaupt oder eine Observanz gibt es, die alles in allem in letzter Konsequenz wieder errettet, sondern es ist tatsächlich so, dass der Mensch einmal lernen muss, sich selbst zu erretten. Er muss lernen auf diesem Weg, auch sich selbst zu korrigieren und sich selbst im Zweifelsfall aus den verschiedenen Lastern und Fehlern zu erretten.

Wenn der Mensch glaubt auf dem Schulungsweg, es sei ein Christus, der dann doch als Erlöser und Erretter zu ihm hilfereichend die Hand ausstreckt, dann begeht er wirklich den bekannten, katholisch geprägten Fehler. Es ist wirklich ein Fehler, wenn man sich darauf verlässt, es komme dann in der entscheidendsten Stunde wieder die rettende Hand und sagt: „Du bist ein armer Sünder und du kannst dich doch in dieser Welt noch wie ein kleines Kind fühlen, dir wird immer verziehen und du bist errettet." Warum ist diese Passivität so auf diesem Weg nicht akzeptierbar und warum schließt sich diese auch tatsächlich mit einer ordentlichen, wirklich gegebenen Geistigkeit aus? Es schließt sich deshalb aus, weil der Mensch einmal ein ganzer Mensch werden muss. Würde er niemals ein ganzer Mensch werden, sondern würde er sich immer hinter dem Kollektiv verschanzen, das heißt auch hinter einer Art Vorstellung, dass doch der Oberhirte die Schäflein führt und dass man sich nun zu den Schäflein zählen darf, dann wäre es wirklich so, dass der Mensch auch seine Unmündigkeit bis in das Jenseits mit hineintragen könnte. Obwohl sicher jeder feststellen wird, dass er im ganzen Dasein unendlich viele Unmündigkeiten akzeptieren muss, so muss er doch in dem Wesen der Sache, in dem Zentrum seiner Ziele lernen, über all das, was er tut und über all das, was er weiterhin tun möchte, Verantwortung zu übernehmen. Ohne diese Verantwortung kann nicht von einem reifen spirituellen Menschen gesprochen werden.

Das Zielkonzept ist deshalb nicht nur ein Zielkonzept, das man sich innerhalb einer Autorität aneignet oder das sich einfügen könnte innerhalb einer Kirche, eines Systems oder eines gesamten Kollektivplanes, wo einer den anderen stützt, sondern das Zielkonzept ist ein wirklicher ernsthafter Versuch, den Menschen auch zu einer weiteren möglichen Verantwortung zu bewegen.

Mit diesen Gedanken zur Verantwortung und zur Ausrichtung der Gedankeninhalte für die Zukunft lässt sich das Beispiel einer Veranstaltung noch einmal ganz konkret in die Aufmerksamkeit rücken. Eine Veranstaltung wie diese kann durchaus als wohl schon sehr bewegend, sehr inspirierend und auch von der Gesamtqualität der fachlichen Umsetzung als sehr gehoben bezeichnet werden. Mängel wird es immer geben und Mängel lassen sich innerhalb verschiedener Gebiete aufzeigen. Zufrieden kann wohl ein Referent nie mit seinen Ausführungen sein und zufrieden kann man sich mit einer guten Atmosphäre wohl auch nicht geben, weil eine Atmosphäre kann, wenn sie gut ist, auch ganz spirituell werden und wenn sie ganz spirituell einmal geworden ist, kann sie des Weiteren zur Erlösungskraft werden – also man kann immer steigern – und wenn die Erlösungskraft einmal gegeben ist, kann sie so weitreichend einmal werden, dass sie auch ausstrahlt in unendliche Sphären der Weltenordnung. Der Mensch ist nicht derjenige, der er bisher geworden ist, sondern er ist derjenige Mensch, der eine neue Dimension über seine Körperlichkeit hinaus erstrebt und in diesem Sinne ist das Zielkonzept zu verstehen, dass man nicht dort stehen bleibt, wo man bisher angekommen ist, sondern sich eine Vergegenwärtigung von dem schafft, was man über sich selbst hinaus tun kann und welche Möglichkeiten in der kosmischen Erwartung stehen, welche Möglichkeiten gewissermaßen gegeben sind – wenn man das mit einer Begrifflichkeit aussagt – nicht dasjenige zu tun, was der Mensch erwartet, sondern dasjenige, was wirklich die geistigen Welten erwarten von dem Menschen. Was erwartet eigentlich die geistige Welt, die so geheimnisvoll jede Nacht die Entwicklungszeit des Menschen umkleidet? Was erwartet diese geistige Welt von dem Einzelnen?

Auf die Veranstaltung bezogen, war es ein sehr wichtiges Kriterium, dass zwischen den beiden großen Bereichen Exoterik und Esoterik unterschieden wird. Exoterik und Esoterik sind jene beiden Begriffe, die schon einmal in einer bestimmten Art der Ausführung zur Verdeutlichung gekommen sind und die wohl in einigen ersten Zügen erfasst werden können. Anhand gerade dieser Veranstaltung kann das exoterische und esoterische Begriffsschema noch einmal zur Verdeutlichung genommen werden, denn es kann damit aufgezeigt werden, wie der Mensch in der Entwicklung stehen kann und wie er sich schließlich in eine Vermittlungstätigkeit innerhalb der ganzen Menschheit zu einem größeren Bewusstsein des Selbstseins aufrichtet.

Das Exoterische ist ja zunächst einmal – wenn es von der Begrifflichkeit erfasst wird – dasjenige Gebiet, das volksnah ist, das sich ganz in der Wirklichkeit des Lebens abspielt. All diese Bewegungen, die man zusammenfassen kann unter exoterisch, bedeuten so viel wie, dass sie allgemein den Verständnisgrundlagen zugänglich sind. Das, was der Mensch verstehen kann, das, was er mit der normalen sinnlichen und logischen Auffassung verstehen kann, beschreibt ein Gebiet der Exoterik.

Das esoterische Gebiet jedoch ist anders, es ist gewissermaßen invertiert, es ist genau entgegengesetzt den logischen Denkprinzipien. Es ist das esoterische Gebiet eine Art, wie wenn das Bisherige hindurchgefiltert oder hindurchgespiegelt worden wäre durch einen Inversionskreis, das heißt es ist genau in eine andere Kurvenformung und eine andere Ausrichtung gebracht. Das esoterische Denken mag genau so ausgerichtet sein, dass das, was tatsächlich in der Welt auf eine bestimmte Art bewertet wird, nun wie ein Gegenbild erscheint. Wir finden gewissermaßen Gegenbilder in der esoterischen Welt vor.

So ist die Aussage gestern getätigt worden, die anlässlich Rudolf Steiner's aufgegriffen war, nämlich diejenige, dass man durch die Sekund[1] zur geis-

---

1) Mit diesem Begriff ist hier das Intervall „Sekunde" oder „Sekund" aus der Musik gemeint. Als Sekunde bezeichnet man ganz allgemein den Abstand zwischen zwei benachbarten Tönen einer Tonleiter, beispielsweise der Töne c und d.

tigen Welt hindurchkommen kann. Diese Aussage erscheint selbst für den Musiker recht schwierig. Wie kommt man durch die Sekund nun durch das Tor in die geistige Welt hinein? Diese Aussage brachte mir schon einige längere Zeit des Auseinandersetzens und ich bin nicht dahintergekommen, was Rudolf Steiner eigentlich damit meint. Warum bin ich in diesem Gedanken blockiert gewesen?

Die Ursache mag nicht nur an mangelnder Konzentrationsfähigkeit liegen, sondern auch daran, dass ich eigentlich nicht erfassen kann, was eine Sekund ist, weil ich es bis zum heutigen Tag noch nicht begreife, wie die Gesetze der Musik sind, weil es mir bei diesen Begriffen noch schlechter ergeht, wie mit den italienischen Grammatikformeln und Artikeln. So, wie ich in der Fremdsprache manchmal kaum mehr ein Wort zu Wege bringe, so ist es auch mit dem Musikalischen, dass ich beispielsweise zwischen Terz, Quinte und Oktave nicht unterscheiden kann. Da die Grundlagen zur materiellen Unterscheidung fehlen, ist es auch außerordentlich schwer, dorthin zu finden, was denn in dieser Aussage von Rudolf Steiner wirklich gemeint ist. Sicherlich geht es dem einen oder anderen ähnlich, wenn er die eine oder andere Ausführung über ein Fachgebiet hört und das Fachgebiet selbst aber nicht begreift: Wie soll er dann das Esoterische begreifen, das sich gemäß des äußeren Gebildes umkehrt? Also, es gibt einige Schwierigkeiten auch in dem ganzen Verständnis der materiellen Umstände, damit man dorthin gelangen kann, dasjenige zu erfassen, um was es sich überhaupt grundlegend handelt, um dann auch noch sogar die tollkühne Erweiterung zu erfassen, die man niemals mit der Logik erfassen kann und das ist das Esoterische. Wenn nun jemand sagt, man trete durch die Sekund in die geistige Welt ein, dann ist es sehr schwierig, zu begreifen, was es überhaupt heißt, in die geistige Welt einzutreten? Was meint jemand mit dieser Aussage? Wenn man dann natürlich zu rätseln beginnt und dabei beim Rätseln feststellt, dass man schon die erste Begrifflichkeit, also die Sekund noch gar nicht erfasst, dann ist man förmlich einmal im wirklich leeren Raum gegründet und man kann noch nicht konkret den Gedanken zur Konzentration aufbauen. Man kann noch nicht die Sache in die wirkliche Konsolidierung führen. Diese häufige Voraussetzung des Mangels, des tatsächlichen Unvermögens, eine Ordnung in den ersten Gedanken herzustellen, begegnet dem einzelnen Schüler relativ häufig. Der Schüler benötigt deshalb eine ausreichende, logische, klare, fundierte und exoterisch gehaltene Grundanschauung.

Wir haben in der Sekund die exoterische Welt, die konkrete Welt, die sich aufbauen lässt durch Musik, aber dasjenige, was als Gegenbild dahinter erscheint, wenn man durch das Tor dieses Tonerlebens hindurchtritt, das heißt, wenn man dieses Tonerleben so durchschreiten kann, dass es gewissermaßen wieder verschwindet auf dem irdischen Plan, also wie wenn das Physische, das alles blockierende Physische verschwindet, dann bleibt ein nächstes Erleben, das heißt, es kommt ein geistiges Erleben hervor und das ist ein Gegenbild zu dem irdischen Ton. So sagt auch Rudolf Steiner, im Irdischen ist die Sekund etwas – was glaube ich schon hörbar ist, was selbst für mich als Laie gestern schon fast hörbar wurde – das sich nicht gerade recht wohlig, angenehm und freudvoll anfühlt; fast knochig oder hart fühlt es sich an. Das, was aber dahinter als Gegenbild erscheint, ist nun ein anderes Erleben. Das fühlt sich geistig viel entgegenkommender an, wie es Rudolf Steiner sagt, als Trost fühlt es sich an, es fühlt sich so an, dass dem Menschen der Trost entgegenströmt.

So finden wir also diese beiden Bilder, exoterisch, als irdisches Tonerleben eine bestimmte Form der Welt und esoterisch, ein Seelenerleben, als Gegenbild, das ein ganz anderes Bewusstsein mit einem völlig anderen Gefühlscharakter aufweist. Diese beiden Formen im Sinne des Erlebens, exoterisch und esoterisch, müssen aber im richtigen Verhältnis zusammenkommen, denn man stelle sich einmal vor, man vermische immer diese beiden Welten, man vermische immer jene verschiedenen Gefühlserlebnisse, die oftmals ganz entgegengesetzter Art sind. Je mehr diese Erlebnisse vermischt werden, umso mehr wird schließlich auch der Schüler auf dem Geistweg behindert und verwirrt.

Das Exoterische muss deshalb klar in der Sprache und Darstellung werden und es muss sich so logisch ausdrücken, dass es möglichst dem Menschen zugänglich ist. Das Esoterische, das nun unklar für die Logik des irdischen Erlebnisses wird, darf aber nicht in dem Unklaren bleiben, denn dann wäre es auch nicht für das menschliche Vermögen ausdrückbar. Es muss deshalb wieder für das Esoterische eine so klare Form des Exoterischen gefunden werden, dass es sich in die richtige Ordnung des gesamten Ablaufes einfügen kann. Eine der wesentlichsten Bedingungen, die früher schon aufgezählt wurde, die aber bis zum heutigen Tag als eine wirkliche Forderung auf diesem Weg bleibt, ist diejenige, dass die esoterische Erfahrung noch solange bearbeitet werden muss, bis sie in die geeignete exoterische Form übergeführt werden kann und schließlich der Referent, der über einen esoterischen Zusammenhang spricht, diese Erfahrung exoterisch, also logisch innerhalb der Weltenordnung und zugänglich für das Allgemeinverständnis vermitteln kann. Gelingt dieser Schritt günstig, dann darf auch davon gesprochen werden, dass die einzelne Individualität bis in das Konkrete hinein durch den Geist stabiler und kräftiger geworden ist und dass die Form eines Ideales schließlich auch bis in die irdische Struktur organisiert wurde.

Für die Ordnung einer Veranstaltung, wie es diese ist, ist es deshalb so wichtig, dass sich Esoterisches und Exoterisches nebeneinander wie zwei freie Positionen bewegen können und das eine durch das andere ergänzt wird. Das Esoterische sollte deshalb nicht nebulös bleiben, in einem so genannten mystisch nicht anzusprechenden Bezirk, es sollte vielmehr so in die Organisation des Gesamten eintreten, dass es sich in seiner konkreten Wirklichkeit manifestieren kann.

Es ist eine außerordentlich schöne und gute Erfahrung, wenn es Augenblicke gibt, bei denen diese Ordnung wirklich herbeigeführt werden konnte. Wenn diese Augenblicke eintreten, dann zeigt sich nämlich in der Begegnungsqualität des Zueinanders ein ganz anderes Verständnis und eine viel offenere Auffassungsbereitschaft. Ist diese Kraft noch nicht angekommen im Exoterischen, so dass der geheimnisvolle Gedanke noch nicht in die brauchbare Form gefasst ist, dann entwickelt sich auch immer ein mehr oder weniger laues Gefühl des Unzufriedenseins und des nicht so recht ruhigen Angekommenseins. Es fühlt dann jeder bei der Veranstaltung oder bei dem Referat, dass er nicht so recht folgen kann oder dass es ihm einfach sehr schwer fällt, die geeignete Ordnung zu dem Gesamten zu entdecken. Sicher gibt es natürlich auch Ablenkungen, die anderer Art sind, die auch von subjektiver oder anderer Seite herbeikommen. Eine Veranstaltung, die esoterisch inspiriert ist, die also esoterische Elemente trägt und die jedoch exoterisch ausgerichtet ist und sich das Ziel setzt, eine Logik des allgemeinen konkreten Bewusstseins der Welt zu finden, führt dazu, dass der spirituelle Weg auch wirklich leicht aufgreifbar ist. Der spirituelle Weg kann schließlich als spiritueller Weg viel leichter begonnen werden, als wenn jene Vermischungen noch enthalten sind, die sich innerhalb diesen, doch eigentümlichen nebulösen Gebilden des esoterischen Disponierens zeigen.

Es ist in dieser Hinsicht etwas ganz Wesentliches, dieses exoterische Verständnis zum Esoterischen genau in Gedanken zu fassen. Wenn eine Veranstaltung – und das wurde bereits schon ausreichend erklärt, aber es kann die Wiederholung dazu vielleicht noch einmal ein erweitertes Licht offenbaren – klar unterscheidet in den Positionen, so dass beispielsweise das Zitat eines Gedankens oder einer Textstelle genau in dem Zusammenhang genannt wird und die eigene Erfahrung als solche gekennzeichnet wird und die allgemeine Orientierung, sagen wir, der Zeit oder der wissenschaftlichen Analyse berücksichtigt wird, dann kann auf differenzierte Weise jeder Posten für sich selbst in die Anschaulichkeit kommen.

Es weiß nun der Zuhörer, aus welchem Erfahrungshintergrund die einzelne Aussage entstanden ist und er kann nun den Referenten dahingehend besser einschätzen, indem er nämlich bei dem Referenten feststellt, dass er Teile aus seiner Erfahrung wiedergibt und ebenfalls Teile aus übernommener, angelesener Quelle wiedergibt. Er führt also die verschiedenen Teile in einer bereitwilligen, offenkundigen Darstellung in sein Referat herein. Es wird der Mensch dadurch viel ausdifferenzierter erscheinen und es wird dem Einzelnen dadurch der richtige Erfahrungsstandpunkt eingeräumt. Der Referent, der also diese Ausdifferenzierung bei sich tätigt, kann auch den Standpunkt des Anderen viel leichter ermöglichen. Wenn ein Referent in jener trügerischen vermischten Erfahrung spricht und Zitate einfach für sich beansprucht und allerlei Einzelheiten, die gar nicht so recht seiner Erfahrung selbst unterliegen, verkündet, dann weiß der Zuhörer wohl nicht, wo er nun wirklich auf konkrete Weise mit seiner Aufgabe und seiner ersten Übung beginnen soll. Es ist so entscheidend wichtig für die gesamte Lebensqualität der Spiritualität, dass die konkrete Wirklichkeit und die differenzierte Ausrichtung in die Lebensgewohnheit eingeführt werden. Es soll also zur Lebensgewohnheit werden, dass der Mensch nicht über etwas spricht und sich nicht als dasjenige ausgibt, das er selbst nicht erfahren hat. Er soll, wenn er über fremde Horizonte spricht, einerseits ausreichend die Quellen benennen und auf der anderen Seite soll er es nicht unterlassen, wenn er eine Erfahrung besitzt, dass er auch lernt, über sie zu sprechen und sie eventuell wieder mit den verschiedenen Erfahrungsquellen in Verbindung zu bringen.

Würde jemand Erfahrungen besitzen, über die er nicht spricht, weil er sich vielleicht in falscher Bescheidenheit und Zurückhaltung übt und würde er sich immer nur auf jene Gebiete ausrichten, wo er so ganz vorsichtig auf Andere verweist, das heißt auf Quellen verweist, dann kann ebenfalls der Zuhörer keine brauchbare Neuorientierung gewinnen. Damit der Mensch die wirkliche Mitte seiner selbst einmal einnimmt, die gesunde Mitte eines praktischen Standpunktes, ist es tatsächlich notwendig, dass er innerhalb dieser differenzierten Ausrichtung lernt, authentisch zu werden mit seinen Erfahrungen und in Beziehung zu bleiben mit seinen wirklichen verschiedenen Quellen, die er eventuell noch nicht ausreichend versteht. Indem sich aber der Mensch oder der sich so Übende einbringt und in Beziehung bringt, kann er konkret zu einer wesentlichen Ordnung beitragen. Dasjenige, was der Einzelne in dieser Ausrichtung tun kann, sollte sich naturgemäß natürlich auch in einer gesamten Veranstaltung widerspiegeln.

Würde der Ablauf in dieser Hinsicht einmal so wirklichkeitsvoll und perspektivisch nach den einzelnen Standpunkten gedacht werden, dann kann leicht verstanden werden, wie es wirklich für die ganze Zukunft zu einem gesunden Kraftorganismus werden kann, wenn Menschen auf diese

Weise sich begegnen und zusammenwirken. Das Exoterische besitzt seinen ausreichenden Platz und trägt eine sinnvolle Energie oder Lebensqualität von Mensch zu Mensch weiter. Das Esoterische bleibt als stiller Rahmen gut integriert und auch auffassbar innerhalb der äußeren Bewegungen. Dieser gesunde Apparat, der damit entsteht, kann als ein Zeichen erlebt werden, das man wohl so bezeichnen darf, dass jegliches kleinliche und heimliche sektiererische Element nicht mehr vorkommen kann.

Wenn hier die Äußerung gebracht wird, dass es sich um eine Sekte handelt, was nicht eine Seltenheit ist, sondern die normale Urteilsbildung ist, darf man sich ernsthaft einige Fragen stellen: Wo befindet sich eigentlich die Sekte? Wo lösen sich die Grenzen des Sektenhaften auf und wann wird der Mensch tatsächlich einmal mündig? Wenn man sich einige Fragen etwas ernsterer Art stellt, kommt man zu dem Ergebnis, dass die ganze Welt eine Sekte ist und die meisten religiösen Vereinigungen sektiererischen Charakter aufweisen. Ebenso sind oft die Familien wie Sekten und viele Vereine zeigen sektenähnliche Kollektivzwänge, Dogmen, Autoritäten, Hierarchien und allerlei eigentümlichste Verkehrungen, wo Psychologie, Pseudoweisheit und Besserwisserei ohnehin in einem solch vermischten Wahn angekommen sind, dass man sowieso schon allgemein sagt, das sei gesund. Die ganze Welt ist als Sekte darstellbar. In den Medien wird etwas geschrieben, das den Menschen als Wahrheit noch beigebracht werden soll und in letzter Konsequenz stellt man fest, dass sich sowieso eigentlich kaum ein wahres Wort darin befindet. Wenn man am besten gleich einmal vom Gegenteil ausgeht, dann trifft man zumindest die Wahrheit näher, als wie wenn man von den Tatsachen in der Welt spricht.

Es ist die ganze Welt in dieser Hinsicht eine einzige Vermischung von allerlei Projektionen, esoterischen Verwirrungen und eigentümlichen, so genannten wissenschaftlichen Dogmen, die sich als die letztendlich gültige Wahrheit noch behaupten wollen. Der Mensch steht eigentlich der Welt noch gar nicht in dieser Form zur Verfügung, dass er wirklich einmal in aller Klarheit seine Erfahrung darlegen kann und diese auch hinüberbringen lernt zu seinen Mitmenschen und sich aber ordentlich mit geistigen Quellen und verschiedenen weisen Aussagen in Verbindung bringen kann. Der einzelne Mensch ist wirklich in dieser Hinsicht eine absolute Seltenheit und er wird wohl erst einmal für die Zukunft geboren werden. Alle religiösen Systeme schließen sich in ihrer eigenen Kollektivkraft selbst ein, so dass sie mehr oder weniger unter ihrer Gruppengeistigkeit wieder gefangen sind. Hier sollte es der wirkliche ernsthafte Versuch sein, dass man nicht im Sinne von bestimmten Autoritäten und Kollektivgeistern arbeitet, sondern dass der Einzelne so in sich zur Gesamterkraftung gelangt, dass er frei von allen Äußerlichkeiten und Mächten zum Zeugnis seiner selbst werden kann. Eine christliche, wirkliche Geistigkeit und eine Erkenntniserkraftung setzt auch diese Grundlage voraus. Wenn der Einzelne wirklich reifliche Erkenntnisse über längere Ebenen und Stätten des Daseins entwickeln möchte, muss er eigentlich zu dieser Grundbedingung finden.

Es ist so wesentlich, das Konkrete von den so sehr durch das Kollektiv vereinnahmten Verhältnissen zu unterscheiden. Das konkrete Denken und konkrete Bewusstsein zur Konzentration und Entwicklung ist dem Menschen in der Regel nicht ohne weiteres gegeben. Es ist erst einmal die Erkenntnis dahingehend langsam zu finden, dass man zu soundso vielen Graden in seinem Leben durch Geister der Zeit oder Geister des Volkes, der Tradition oder der verschiedenen Umstände gesteuert ist. Es ist schon außerordentlich schwer, zwischen zwei Menschen wirklich zu unterscheiden. Es ist nämlich beispielsweise so, wenn Mann und Frau einige Zeit zusammenleben, dass man ganz schwer unterscheiden kann, was nun wirklich Eigentum des Einzelnen ist und was vielleicht projektiv übernommen worden ist von dem Anderen. Außerordentlich schwer ist es, zu sehen, was nun wirklich im Sinne des einzelnen Menschen als klare und reine Erkenntnis erkraftet ist.

Alle Menschen beeinflussen sich ja gegenseitig und ganz besonders, wenn man sich nahe zusammen bewegt, wird man sich natürlich auch gemeinsame Strukturen und Verhältnisse erbauen, die auf einer bestimmten gemeinsamen Äther- oder Lebensqualität beruhen. Es ist dies nicht etwas Verkehrtes, dass es so ist, aber es ist auch wichtig, in eine Grundlage zu finden für den Geistschulungsweg, damit diese Gemeinsamkeit nicht zur Symbiose und schließlich dann daraufhin wieder zur projektiven Äußerung gegenüber Dritten führt. Die Ausrichtung ist deshalb also ganz wichtig, auch einmal zu unterscheiden: Welche Dinge sind im Leben schleierhaft und werden ganz selbstverständlich als Dogma internalisiert, so ganz natürlich eigentlich schon ausgedrückt, aber doch auf dogmatische Art oder irrational ausgedrückt? Es gibt also ganz viele Bereiche, die im Leben einer wolkenartigen Verschleierung unterliegen. Diese verschiedensten Wolken, die das Menschsein umkleiden, beispielsweise im Sinne eines ganzen Familiengeistes, können nicht gerade zu einem tragfähigen Bewusstsein für die Zukunft werden.

Man kann von einer Orientierung des Menschseins ausgehen, die etwa in folgender Hinsicht zu verstehen ist. Wann wird der Mensch geschwächt und wann wird er wirklich eventuell sogar krank? Der Mensch wird nicht krank werden von dem, was er durch das Bewusstsein verarbeitet, sondern er wird von all dem krank, was er nämlich nicht verarbeiten kann oder aus Gründen der Verschleierung gar nicht weiß, wie er es verarbeiten muss.

Man nehme einmal ein kleines Beispiel. Woher kommt eine Erkältungskrankheit? Die Antwort weiß nun der Einzelne gewiss. Sie kommt daher, weil es dem Körper zu kühl geworden ist. Nun, so könnten wir sagen, wissen wir die Antwort und sie ist hochgradig weisheitsvoll. Wir haben die Erklärung von der Begrifflichkeit, von dem Worte abgeleitet. Der Mensch ist sogenannter Weise erkältet oder verkältet. Diese Weisheit ist natürlich nicht gerade hochstehend, denn sie sagt nichts anderes aus, als dass sie nur einmal den Umstand beschreibt, dass es dem physischen Körper scheinbar zu kalt geworden ist. Ob die äußere Beschreibung nun der Fall ist oder nicht, ist eine Frage, die sich nicht immer genau beantworten lässt, denn dem Menschen wird es nicht unbedingt kalt, wenn ihn äußerlich friert, denn wenn es ihn äußerlich friert, dann merkt er es in der Regel und kann auch wieder mit Wärme seinen Körper etwas nachbereiten. Zu kalt wird es eigentlich dem Menschen dann, wenn er mit bestimmten Wesensnaturen in einem Austausch steht, die ihm die innere Wärme hinwegtragen, die die Wärme aus ihm heraussaugen. Das äußere Kaltwerden mag unter Umständen Einflüsse ausüben, aber das heißt nicht unbedingt, dass in der Äußerlichkeit nun die Ursache liegt, dass dem Menschen zu kalt geworden ist und er damit erkrankt ist. Das Wesen des Erkaltens liegt darin, dass sich gewisse Wesensmächte zeigen, die eine Wärme wirklich aus ihm heraustransportieren und die dann eine Schwäche zurücklassen. Das Kaltwerden ist jedenfalls immer auf einer Stufe anzusiedeln, dass ein sehr untergründiges und unbewusstes Wirken der Fall ist.

Wenn dem Menschen nun wirklich einmal durch eine ordentliche Biwaknacht am winterlichen Berg kalt geworden ist, wird er nämlich eigentümlicher Weise nicht krank. Er wird nämlich – wenn das beobachtet wird – dann krank, wenn er etwas zu hitzigen Gemütes ist und nicht bemerkt, wie die Wesen der Kälte schon als Gegenreaktion warten. Er ist überhitzt und weil er überhitzt ist, ist er eigentlich schon verkühlt. Er merkt nur das Gegenbild der Sache nicht. Der Verstand übersieht so oft die wahren Kriterien und verschleiert die Wirklichkeit. Die Erkältung ist deshalb der Fall, weil gewisse Kräftewirkungen eintreten, die sich nicht bewusst verarbeiten lassen und die sich zunächst einmal dem gesamten Ablauf des bewussten Ordnens, Erkennens und schließlich Zurückweisens entziehen.

Die Aufklärungsarbeit bei einer Erkältung darf deshalb nicht nur am Äußeren stehen bleiben, sondern sie muss gerade dort ansetzen, wo jene

Bereiche sind, die sich dem Bewusstsein entzogen haben. Wir haben es deshalb immer mit Einflüssen im Leben zu tun, die nicht bewusst sind und die deshalb in keiner Weise sich ordentlich aufarbeiten oder erarbeiten lassen. Warum wurde jetzt diese Aussage in dieser Hinsicht getätigt? Sie wurde aus ganz bewusstem Hintergrund heraus getätigt, da es eben so wesentlich ist, dass der Mensch in die ganze volle Kraft des Bewusstseins hineintritt und er mit der Zeit steuerungsfähig für alle Lebensabläufe wird. Nicht das Unbewusste soll ihn führen und steuern, sondern das ganze Bewusstsein soll ihm mehr und mehr auf weitende Weise zur Verfügung stehen.

Die Unterscheidung zwischen Exoterik und Esoterik würde sich deshalb schon in den einfachsten Lebensbeispielen ergeben. Wenn heute jemand sagt: „Ich bin krank geworden, ich habe eine Erkältung bekommen", dann kann er als Antwort oder vielleicht sogar als Schuldvorwurf erhalten: „Ja, das kommt daher, weil du dich nicht ausreichend warm angezogen hast." Welche unhaltbare Aussage finden wir tatsächlich vor? Wir finden eine typische emotionale, materialistische Aussage vor, die aber in Wirklichkeit nur abgeleitet ist von einem äußeren Dogma und damit ist sie wirklich befremdend. Die materielle Welt liegt den Wahrheiten in der Seele ferne und bewirkt eine wahrhaftige, dumpfe Verschleierung der Wirklichkeit. Es fehlen die tieferen Einsichten und Erkenntnisse der Seele.

Auf der anderen Seite darf einmal angesprochen werden, wie es sich verhält, wenn jemand unvorsichtigerweise zu sehr esoterisch spricht und seine Begrifflichkeit aus einer eigentümlichen unfassbaren Welt herausnimmt. Es kann also jemand sagen zu seinen Mitmenschen: „Du bist krank geworden. Warum bist du krank geworden?" Er kann dann als Erklärung zur Antwort führen: „Ja, das sind die Wesen des Pluto. Diese Wesen machen dich krank." Indem auf diese Weise esoterisch und sehr emotional gebunden gesprochen wird, muss jene typische Folgereaktion eintreten, die nichts anderes fördert, als dass der Kranke täglich sein Horoskop studiert und auch in der Folgezeit sein Horoskop studieren lassen wird und dann aus irrationalen Ängsten sich ohne Notarzt nicht mehr auf die Straße bewegen wagt. Seien wir uns doch einmal ehrlich. In esoterischen Kreisen besteht eine außerordentlich unangenehme Überempfindlichkeit und eine überdurchschnittlich befremdende Bewegung, die sich in der Forderung ausdrückt, man müsse sich vor allerlei Kräften der Zeit schützen. Es ist dies beispielsweise eine Folge von unverstandenen esoterischen Gebräuchen und vor allen Dingen ist es eine so große Einseitigkeit, dass es auch genauso zur Unwahrheit wird wie der Materialismus auf der anderen Seite, der die Zeitenbewegung darstellt. So finden sich tatsächlich in der häufigsten Darstellung allerlei esoterische Verkehrtheiten und Eigentümlichkeiten, die keinen Zusammenhang zur praktischen Umsetzung finden oder nur einen einseitigen emotionalen Charakter aufweisen und auf der anderen Seite befinden sich in der Welt unendlich viele Dogmen, die in sich selbst, wenn sie nachgeprüft werden ebenfalls einseitig sind, dass sie sich durch die Einseitigkeit schon falsch darbieten.

Wie muss der spirituell Suchende in die Mitte dieser extremen Einseitigkeiten finden? Er muss eigentlich in seinem ganzen Dasein, sei es in seinem Kollegium, sei es in seiner Familie oder unter seinen Freunden, sei es in seinem normalen, alltäglichen Leben oder innerhalb einer spirituellen Einrichtung und Gruppierung, sich zu einem reiflichen Bewusstsein bekennen, mit dem er einmal diesen Standpunkt beziehen lernt, der auch ein ewiger Standpunkt der Wahrheit und der Erkenntnisbasis ist. Es ist dies jener Standpunkt, dass er sich einmal sowohl von materiellen Einseitigkeiten befreit als auch von diesen eigentümlichen missverstandenen Tröpfchen des emotionalen Esoterikertums entfernt. Er muss einmal auf beide Welten richtig hinblicken lernen und von dieser Blickrichtung sein Leben ganz klar, neu und gehoben organisieren lernen.

Die Ausrichtung von wahrer Exoterik und inniglicher Esoterik ist also eine ganz bestimmte und wichtige Forderung für alle Veranstaltungen. Sie wurde diese Tage besonders ernst genommen. Sie zeigt aber nach meiner Ausrichtung, ohne kleinlich zu sein, natürlich menschlich viele Mängel. Das Esoterische und das Exoterische sind noch nicht ausreichend aufgegliedert. Die beiden Begriffe sollen also noch weiter, besser ausgestaltet werden, so dass mit der Zeit diese Ausrichtung dialogfähiger, offener, ernsthafter, seriöser und beispielsvoller für die Zukunft wird.

Auf der anderen Seite ist es aber auch wesentlich, dass jeder Einzelne sich mit diesen Gedanken beschäftigt und ein für ihn gültiges, ehrwürdiges und persönliches Ideal findet. Es ist also auch möglich, dass jeder Einzelne der hier Anwesenden diese Gedanken so verstehen lernt, dass er sie immer besser in den gesamten Weltenraum einbringen lernt. Überall, wohin auch die Bewegungen gehen, seien sie hierher nach Italien, seien sie in irgendeine andere Einrichtung oder seien sie nur einmal in das persönliche Feld des Daseins, ist es ja doch so, dass man unterscheiden kann zwischen diesen verschiedenen Ebenen.

Abschließend will ich zwei esoterische Sätze zur Meditation für die geistige Welt anführen:

> „Lasse all jenes los, das Du nicht kennst."
> „Erledige Deine Pflicht, die Du nicht kannst."

HEINZ GRILL,

spiritueller Lehrer, Heilpraktiker und Yoga-
lehrer, wurde 1960 in Wasserburg am Inn
geboren. Mitte der 80er Jahre begründete
er den »Yoga aus der Reinheit der Seele«,
einen der Zeit entsprechenden Geistschulungsweg.

Heinz Grill gibt in einem umfassenden
Schrifttum von über 60 Büchern und Broschüren die Möglichkeit, diesen Individua-
tionsweg in verschiedenen Fachgebieten wie
z. B. Erziehung, Ernährung, Medizin, Yoga
und Seelsorge kennen zu lernen.

Kurzbiographie:

1985/1986   Gründung einer Yogaschule (in Soyen/Deutschland)
1988-1994   Ausbildung von Yogalehrern
            (in Deutschland und Österreich)
1992-1998   Leitung eines Besinnungshauses
            (in Bad Häring/Österreich)
2000-2003   Initiatorische Schulungen (in Arco/Italien)
seit 1990   Vortrags- und Seminartätigkeit zu verschiedenen Themen
            aus geistiger Sichtweise im In- und Ausland

Mehr Information über Heinz Grill finden Sie
im Internet unter *www.heinzgrill.de.*

142

LITERATUR VON HEINZ GRILL

YOGA

Yoga und Christentum –
Grundlagen zu einer christlich-geistigen
Meditations- und Übungsweise
978-3-935925-96-9

Die Orientierung und Zielsetzung
des »Yoga aus der Reinheit der Seele«
Eine exoterische Arbeitsgrundlage
978-3-935925-77-8

Die Seelendimension des Yoga –
Praktische Grundlagen zu einem
spirituellen Übungsweg
978-3-935925-60-0

Harmonie im Atmen –
Vertiefung des Yoga-Übungsweges
978-3-935925-52-5

Die Vergeistigung des Leibes –
Ein künstlerisch-spiritueller Weg mit Yoga
978-3-935925-93-8

HEILWESEN

Kosmos und Mensch –
ein Weg der Selbsterkenntnis und Selbst-
heilung durch das Studium des Yoga,
der Anatomie und Physiologie des Körpers
978-3-935925-63-1

Erklärung, Prophylaxe, Therapie der
Krebskrankheit
aus ganzheitlicher medizinischer
und spiritueller Sicht
978-3-935925-67-9

Die Angst als eine jenseitige Krankheit –
Praktische und spirituelle Grundlagen
aus dem Yoga zur Überwindung von
Depressionen und Ängsten
978-3-935925-91-4

Die geistige Bedeutung des Schlafes
978-3-935925-78-5

Ernährung und die gebende Kraft
des Menschen –
Die geistige Bedeutung der Nahrungsmittel
978-3-935925-99-0

Die Heilkraft der Seele und das Wesen
des selbstlosen Dienens
978-3-935925-92-1

PÄDAGOGIK UND ENTWICKLUNG

Erziehung und Selbsterziehung –
Die Seele als schöpferisches Geheimnis
der werdenden Persönlichkeit
978-3-935925-66-2

Die sieben Lebensjahrsiebte,
die sieben Energiezentren
und die Geburt aus Geist und Wasser
978-3-935925-94-5

Verborgene Konstellationen der Seele –
Wie wirken das Ich, der Engel, Erzengel
und Archai im Werden der Seele?
978-3-935925-73-0

Geistige Individuation innerhalb der
Polaritäten von Gut und Böse –
Das Bewusstsein an der Schwelle zur geistigen Welt
978-3-935925-85-3

Über die Einheit von Körper, Seele und Geist –
Öffentliche Vorträge 1997 zu den Themen Angst,
Seelsorge, Entwicklung der Individualität und Heilung
978-3-935925-84-6

INITIATORISCHE SCHULUNGEN

Initiatorische Schulung, Band 1
Die Herzmittelstellung und die
Standposition im Leben
978-3-935925-72-3

Initiatorische Schulung, Band 2
Übungen zur Erkenntnisbildung
der höheren Welten
978-3-935925-71-6

Initiatorische Schulung, Band 3
Ein neuer Yogawille für ein integratives
Bewusstsein in Geist und Welt
978-3-935925-70-9

Initiatorische Schulung, Band 4
Der Hüter der Schwelle und der Lebensauftrag
978-3-935925-69-3

Initiatorische Schulung, Band 5
Die Seelsorge für die Verstorbenen
978-3-935925-68-6

Initiatorische Schulung, Band 6
Gemeinschaftsbildung und Kosmos,
Die Individualität im Verhältnis zur
Universalität, Karma und Reinkarnation
978-3-935925-61-7

OST UND WEST

Erkenntnisgrundlagen zur Bhagavad Gita –
Der östliche Pfad des Yoga und der
westliche Pfad der Nachfolge Christi
978-3-935925-62-4

Die Offenbarung nach Johannes –
Vorträge über das geheimnisvolle Dokument
978-3-935925-95-2

Lebensgang und Lebensauftrag für
Religion und Kirche –
Eine autobiographische Skizze
978-3-935925-88-4

Die Kirche und ihr geistiger
Weltenzusammenhang
978-3-935925-89-1

Die Wirksamkeit des Heiligen Geistes
in Sakrament und Wort –
Ein ökumenischer Beitrag
978-3-935925-87-7

Lieder in Hingabe an Gott
978-3-935925-97-6

NATUR

Der Archai und der Weg in die Berge –
Eine spirituell-praktische Anleitung in der
Ergründung der Wesensnatur des Berges
978-3-935925-65-5

AUDIO / VIDEO

Videokassette:
Die geistigen Hintergründe
in der Begegnung zwischen
Mensch und Tier

3 CD: Der Weg der Seele durch
die sieben Ebenen des Kosmos
978-3-935925-59-4

2 CD: Der Selbstwerdeprozess inmitten
von Hingabe und Individuation
978-3-935925-64-8

Cass.: Die Wirkungen von Karma
aus seelisch-geistiger Sicht
978-3-935925-75-4

Cass.: Die Zunahme von Ängsten
und ihre Heilung –
Selbsterziehung und unterstützende
Maßnahmen bei Ängsten
978-3-935925-81-5

Cass.: Die Bedeutung von Gebeten und
spirituellen Übungen auf die jenseitige
Welt des Totenreiches
978-3-935925-83-9

Cass.: Die Philosophie des Yoga und
die verschiedenen Arten der christlichen
Einweihung und der Einweihung
der Bhagavad Gita
978-3-935925-79-2

ENGLISCHE ÜBERSETZUNGEN

Harmony in Breathing –
Deepening the path of Yoga practice
978-3-980423-04-5

The Spiritualising of the Body
An artistic and spiritual path with yoga
978-3-935925-58-7

The Soul Dimension of Yoga –
A practical foundation for a path
of spiritual practice
978-3-935925-57-0

Caring for the Souls of the Dead
978-3-935925-54-9

Nutrition and the inner sense of giving –
The spiritual meaning of food
978-3-935925-53-2

NIEDERLÄNDISCHE ÜBERSETZUNGEN

Harmonie in het ademen –
Verdieping van de yoga-oefeningsweg
978-90-803526-1-2

De angst als een ziekte van gene zijde –
Praktische en spirituele grondslagen uit de yoga
ter overwinning van depressies en angsten
978-90-803526-2-9

De zielsdimensie van de yoga –
Praktische grondslagen tot een
spirituele oefenweg

Opvoeding en zelfopvoeding –
De ziel als scheppend geheim van de
wordende persoonlijkheid

KROATISCHE ÜBERSETZUNG

Harmonija disanja

Ferner erscheinen laufend neue Broschüren von Heinz Grill zu zeitaktuellen Themen, die
Sie direkt beim Verlag oder per Internet unter *www.lammers-koll-verlag.de* bestellen können.